农民专业合作社的治理制度与实践

林 源◎著

知识产权出版社
全国百佳图书出版单位
—北京—

图书在版编目（CIP）数据

农民专业合作社的治理制度与实践 / 林源著. —北京：知识产权出版社，2024.6
ISBN 978-7-5130-9381-1

Ⅰ.①农… Ⅱ.①林… Ⅲ.①农业合作社—专业合作社—研究—中国 Ⅳ.①F321.42

中国国家版本馆 CIP 数据核字（2024）第 106404 号

责任编辑：薛迎春　　　　　　　　责任校对：谷　洋
执行编辑：凌艳怡　　　　　　　　责任印制：孙婷婷
封面设计：瀚品设计

农民专业合作社的治理制度与实践

林　源　著

出版发行：知识产权出版社有限责任公司	网　　址：http://www.ipph.cn
社　　址：北京市海淀区气象路 50 号院	邮　　编：100081
责编电话：010-82000860 转 8714	责编邮箱：443537971@qq.com
发行电话：010-82000860 转 8101/8102	发行传真：010-82000893/82005070/82000270
印　　刷：北京建宏印刷有限公司	经　　销：新华书店、各大网上书店及相关专业书店
开　　本：880mm×1230mm　1/32	印　　张：6.875
版　　次：2024 年 6 月第 1 版	印　　次：2024 年 6 月第 1 次印刷
字　　数：170 千字	定　　价：88.00 元
ISBN 978-7-5130-9381-1	

出版权专有　侵权必究
如有印装质量问题，本社负责调换。

目录 CONTENTS

导 论 /1
    一、研究背景 /1
    二、研究目的和意义 /5
    三、研究动态 /9
    四、主要内容和研究方法 /17

第一章　农民专业合作社的治理基础 /21
  第一节　农民专业合作社治理的理论基础 /23
    一、农民专业合作社的概念界定 /24
    二、农民专业合作社的历史沿革 /25
    三、农民专业合作社的本质特征 /32
    四、农民专业合作社与其他农村经济组织的区别 /35
  第二节　农民专业合作社治理的制度基础 /39
    一、《农民专业合作社法》的立法背景 /39

二、《农民专业合作社法》的价值目标 /41

三、农民专业合作社的法律体系 /43

四、农民专业合作社的规范化发展方向 /44

第三节 农民专业合作社的功能探析 /46

一、经济发展功能 /46

二、土地保障功能 /48

三、资源整合功能 /50

四、社会治理功能 /51

五、公共服务功能 /53

六、文化发展功能 /54

第二章 农民专业合作社治理的法律规范检视 /56

第一节 农民专业合作社法人制度 /57

一、农民专业合作社法人界定 /58

二、农民专业合作社法人的设立、分立、解散程序 /61

三、农民专业合作社法人的财产权 /65

四、农民专业合作社法人的有限责任 /67

第二节 成员及其权利的取得与消灭 /68

一、成员准入限制 /69

二、入社自愿权 /71

三、退社自由权 /73

第三节 农民专业合作社的内部治理制度 /75

一、依法治理原则 /75

二、民主治理机构 /77

三、治理机制与投票权配置 /79

第四节　农民专业合作社的盈余分配制度 /82
一、主要按交易量（额）返还盈余 /82
二、资本报酬有限 /84
三、盈余分配模式的变通 /85

第五节　《农民专业合作社法》的新发展 /87
一、取消成员同类限制 /88
二、扩大经营项目 /90
三、允许土地经营权入股 /91
四、新增年报公示制度 /92
五、加强民主管理 /93
六、新增合作社联合社规范条款 /95
七、强化政府统筹引领职责 /96

第六节　促进农民专业合作社发展的法律措施 /97
一、农民专业合作社规范化建设 /98
二、农民专业合作社法定扶持措施 /101
三、农民专业合作社示范社评定 /106

第三章　农民专业合作社治理中的法律问题 /109

第一节　农民专业合作社应然与实然之间的多重张力 /110
一、产权冲突 /110
二、成员分化 /114
三、退社权行使的现实阻碍 /118
四、按交易量（额）分配盈余的局限 /119
五、扶持标准同质化 /122

第二节　农民专业合作社的行政管理问题 /125
一、登记审核的形式化 /126
二、规范化监管的漏洞 /127

三、示范社评定的偏差 /128

第三节 农民专业合作社的司法保障问题 /129

一、农民专业合作社服务合同纠纷 /131

二、农民专业合作社土地承包经营合同纠纷 /133

三、农民专业合作社内部治理纠纷 /135

第四章 农民专业合作社的治理制度完善 /139

第一节 农民专业合作社法律制度完善 /140

一、制定《农民专业合作社法》配套法规规章 /140

二、加强农民专业合作社的协商治理 /142

三、完善成员出资和占比规定 /144

四、加强《农民专业合作社法》的司法适用 /146

第二节 农民专业合作社行政管理制度完善 /147

一、完善年度报告公示制度 /148

二、落实"空壳社"的注销制度 /149

三、完善扶持标准 /150

四、加强对农民专业合作社发展的指导和宣传 /152

第三节 农民专业合作社内部治理制度完善 /153

一、完善农民专业合作社章程 /153

二、落实财务会计报告公示制度 /155

三、完善成员名册和份额登记 /156

四、落实成员退社自由权 /157

第四节 加强对特色产业合作社的扶持 /158

一、重点扶持文化产业合作社 /158

二、鼓励发展乡村旅游合作社 /160

三、促进特色产业合作社发展 /162

第五章 农民专业合作社的治理实践 /164

第一节 民间工艺合作社的治理实践 /165
一、民间工艺合作社的特征 /166
二、民间工艺合作社对乡村振兴的重要作用 /168
三、贵州某刺绣农民专业合作社的治理实践 /170

第二节 乡村旅游合作社的治理实践 /177
一、我国乡村旅游合作社的发展概况 /178
二、乡村旅游合作社对乡村振兴的重要作用 /179
三、黔东南苗族侗族自治州某乡村旅游合作社治理实践 /181

第三节 土地股份合作社的治理实践 /186
一、土地股份合作社的性质和特征 /186
二、"公司+土地股份合作社"的治理实践 /189

第四节 飞地经济合作社的治理实践 /192
一、飞地经济合作社的特征 /193
二、飞地经济合作社的治理实践 /194

第五节 领办型合作社的治理实践 /196
一、领办型合作社的特征 /196
二、能人领办型合作社的治理实践 /199
三、村干部领办型合作社的治理实践 /200

参考文献 /202

导 论

一、研究背景

党的二十大报告提出,"中国式现代化是全体人民共同富裕的现代化。共同富裕是中国特色社会主义的本质要求"。恩格斯认为,人类有"天然的协作本能"[1],生产合作社是基于这种本能而出现的组织形式。生产合作社从原始公社的合作,到资本主义时期人们对于公平社会的想象,发展至今嵌入市场经济中,成为重要的市场主体,也是现代农村生产的重要组织形式。

农民专业合作社是"民治、民享、民受益"的互助性经济组织,是乡村产业项目的主要载体。在乡村振兴战略中,一方面,农民专业合作

---

[1]《马克思恩格斯选集》(第34卷),人民出版社1995年版,第429页。

社能够超越地域和行业的限制，组织农户参与农村产业建设，为农户提供生产、运输、销售等方面的服务，在多元主体的市场竞争中保护小农的利益；另一方面，农民专业合作社能够为政府及其他组织与农户、村集体的联系搭建桥梁，帮助多元主体形成良性沟通和利益联结，共同促进农业、农村的发展。农民专业合作社作为兴旺产业的支撑和共同富裕的基石，在脱贫攻坚的决战决胜中发挥了非常重要的作用，也在农村全面实现脱贫后作为接续乡村振兴战略的有效载体，引领农村产业建设和社会经济发展的方向。

统计数据显示，从2007年《中华人民共和国农民专业合作社法》（以下简称《农民专业合作社法》）、《农民专业合作社登记管理条例》（2022年3月1日起失效）实施以来，我国农民专业合作社的总数逐年上升。截至2022年9月底，我国依法登记的农民专业合作社共222.2万个。其中，2013年是新增农民专业合作社数的高峰，当年共注册合作社30.2万个，此后农民专业合作社注册数的增速放缓，到2022年，农民专业合作社注册数的年平均增幅为112%。2014年农业部、国家发展改革委等9部门联合发布《关于引导和促进农民合作社规范发展的意见》，对农民专业合作社的规范化提出具体要求，其后我国农民专业合作社新增登记数一改之前盲目增长的态势，数值有所回落，同时注销数明显上升，2014年全国共注销农民专业合作社7 000余个，较2013年同比上升194%，一直到2022年，注销数呈跨越式增长，每年平均增长率达65%（见图0-1）。从行业分布来看，农民专业合作社主要从事种养殖业，其中种植业合作社占比为60%，畜牧业合作社占比为22%，其他类型如林业、渔业、服务业等合作社数量相对较少（见图0-2）。

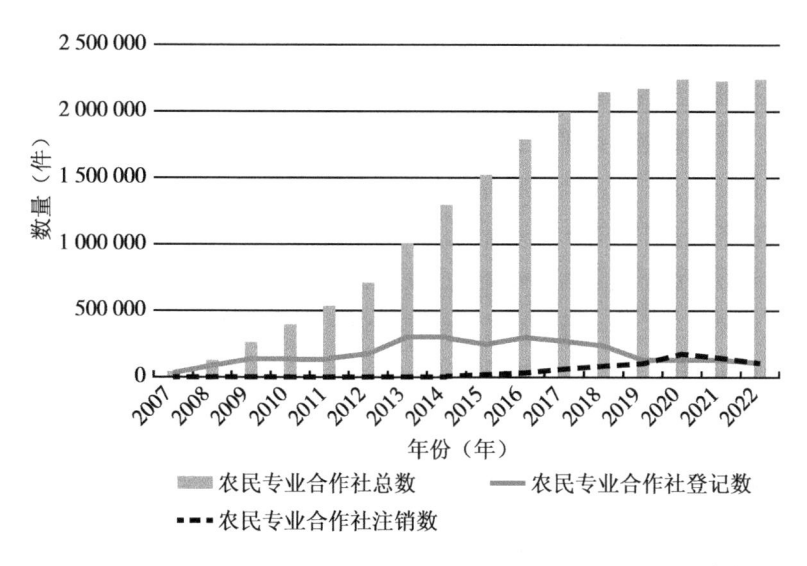

图 0-1 全国农民专业合作社总数及年度变化（2007—2022 年）[1]

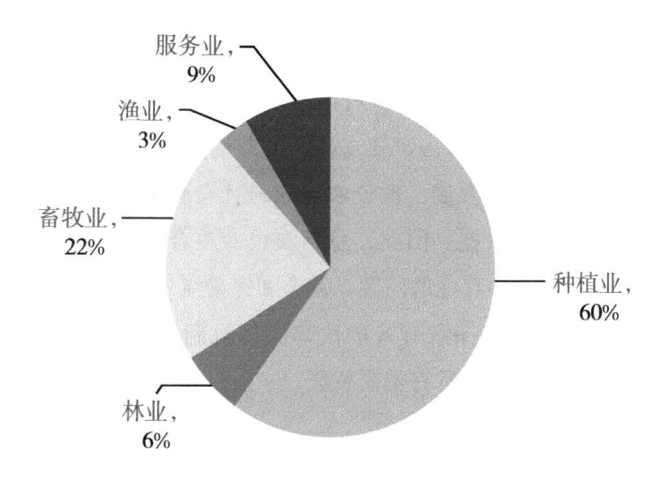

图 0-2 农民专业合作社经营行业占比（2021 年）[2]

[1][2] 数据来自 2006—2018 年的《中国农村经营管理统计年报》以及 2019—2022 年《中国农村合作经济统计年报》。

现阶段，我国农民专业合作社的发展呈现出数量趋于稳定、特色逐渐凸显的态势。首先，2019年至今我国农民专业合作社的登记数与注销数基本持平，合作社存量数据趋于稳定。其次，农民专业合作社经营行业范围有所增加。根据2021年数据统计，全国开展电商服务的合作社有5.7万余所，比上一年度增长7.5%；从事休闲农业和乡村旅游服务的合作社为1.7万余所，比上一年度增长8.1%；从事民间工艺美术及制品开发经营的合作社为3610所，比上一年度增长34.2%[1]。这些新业态的出现为农民专业合作社的发展带来了新的机遇。再次，农民专业合作社的组织带动作用明显，成员中建档立卡户为342.9万余人，占成员总数的5.7%，较上一年度增加45.8%。[2]最后，农民专业合作社的资合化倾向显著，货币出资成员数达2146.6万余人，占成员总数的35.7%，较上一年度增加6.7%。[3]

发展农民专业合作社是推进乡村振兴、全面小康和共同富裕的重要抓手。《中华人民共和国乡村振兴促进法》（以下简称《乡村振兴促进法》）明确要求，国家要支持农民专业合作社等与农民建立紧密型利益联结的组织发展，健全农业农村社会化服务体系，让农民共享全产业链增值收益。因此，总结农民专业合作社发展中行之有效的措施，反思其中存在的问题，健全和完善《农民专业合作社法》及配套法律法规，并探索有效的法律实施机制，对农村经济发展、产业建设和乡村治理都具有重要意义。

---

[1] 农业农村部农村合作经济指导司编：《中国农村合作经济统计年报（2021年）》，中国农业出版社2022年版，第32页。

[2] 农业农村部农村合作经济指导司编：《中国农村合作经济统计年报（2021年）》，中国农业出版社2022年版，第30页。

[3] 农业农村部农村合作经济指导司编：《中国农村合作经济统计年报（2021年）》，中国农业出版社2022年版，第30页。

二、研究目的和意义

(一) 研究目的

《农民专业合作社法》的修订和实施一直面临理论和现实的两重张力。一方面，《农民专业合作社法》的制定参照了一些国际上合作社的基本原则和本质特征，要求农民专业合作社应当符合"以农民成员为主体、以服务成员为宗旨、入社自愿、退社自由、成员地位平等、一人一票的民主管理以及按交易量（额）分配盈余"等基本原则，成为一个自愿、民主、平等、规范的农民经济合作组织。另一方面，国家大力发展农民专业合作社的强力导向，赋予其重要的经济功能和社会功能，又使得地方政府和有关部门为追求经济效益和政绩而选择扶持公司或大户领办农民专业合作社，采取效率优先的发展模式，这与合作社的本质属性和成立初衷相悖，也使得《农民专业合作社法》的实施陷入尴尬的境地。从理论上来说，《农民专业合作社法》所展现的是合作社的规范形态，其积极意义在于坚持合作社的本质属性和基本原则，以服务成员为宗旨，谋求全体成员的共同利益，尤其要平等保护小农成员的利益，维护公平的市场秩序。但其消极方面在于，等待市场逐步将农民专业合作社培养成合格主体的周期十分漫长，依靠小农出资自愿组织的合作社起步困难、竞争力弱、发展缓慢，也无法满足小农的真实意愿和迫切期待。就实践而言，我国农民专业合作社从发起之初就采取了大户领办的模式，这一模式符合地方政府的意愿，也满足小农对快速回报的期待，比起标准合作社的形态和民主控制的权利，看得见的经济效益才是小农更关心的事情。但不利因素在于，这样的农民专业合作社在追求效率优先的同时忽视了公平，农村劳动者的联盟不知不觉被异化为服务资本的工具。

规范与创新并重、公平与效益均衡是我国农民专业合作社法律制度的追求。但实践面临的两难在于：一方面，如果严格根据法律的规定来认定，实践中大量的农民专业合作社，甚至是国家或地方政府扶持的农民专业合作社都存在不规范的问题。同时，严格限制农民专业合作社的形态，则很可能会使得这些合作社因为规范而丧失效率和创造力，失去对小农的吸引力，也有违国家鼓励、支持农民专业合作社发展的初衷。另一方面，放任农民专业合作社以经济效益为目标自由发展，则合作社将被异化为合伙企业、股份公司或其他经济组织，丧失合作社的本质属性，也失去了作为社会主义市场经济特别法人的主体地位。如何应对农民专业合作社在理论和现实中日益巨大的差异，探寻两者之间的结合点和平衡点，为农民专业合作社的发展提供系统的法律法规支持和切实可行的路径是当前必须思考和解决的问题。

农村集体经济组织的有关立法提上议程对《农民专业合作社法》的实施和农民专业合作社未来的发展提出了更大的挑战。2016 年《中共中央 国务院关于稳步推进农村集体产权制度改革的意见》提出要"抓紧研究制定农村集体经济组织方面的法律"；2022 年年底，《中华人民共和国农村集体经济组织法（草案）》公开征求意见。农民专业合作社和农村集体经济组织均是我国农村经济组织和我国民法上的特别法人，在内涵和外延上有一定的重合。实践中很多村委会组织全体村民以土地入股登记成立了农民专业合作社，部分未进行登记的土地股份合作社、农村经济合作社也以农民专业合作社的名义在运营，两者之间没有非常明确的界限。而且，农民专业合作社的发展有赖于政府部门和相关单位的扶持，国家提出大力发展农村集体经济组织后，在营的农民专业合作社，尤其是村委会领办的农民专业合作社身份将变得尴尬。对于同样作为市场经济主体的两种农村经济组织，在同一区域产业项目同质化严重、资源有限的情况下，如何处理两者之间的关系，加强两者之间的合作，都是需要思考和解决的问题。

（二）研究意义

1. 理论意义

第一，丰富农民专业合作社问题的研究视角。对于农民专业合作社的研究大多从经济学、社会学、管理学等学科的角度展开，分析合作社的组织形式、本质特征、营利模式，为其治理优化和效率提升提出建议。法学对于合作社的研究大多从合作社的治理模式、法人结构、权利义务关系等角度展开，对农民专业合作社的法律制度完善提出建议。本书以农民专业合作社相关法律法规及其实施情况作为研究对象，着重考察农民专业合作社法律制度应然状态和实然状态之间的张力，发现法律实践过程中出现的问题，探究其原因，并在依法治国和乡村振兴的宏观背景下，围绕合作社本质属性及法律规范对《农民专业合作社法》的法律实施和配套法律法规及规章的建设，以及如何促进农民专业合作社的发展提出建议。

第二，弥补《农民专业合作社法》及相关法律制度研究的不足。《农民专业合作社法》在司法和执法领域都很少被应用，大多数研究关注的都是实践中的合作社不合法或运行困难之处，少有探究该法为何实施困难，法律规范与实践之间的差距究竟在哪里。作为特别法人，合作社的内部法律关系和外部法律关系较之其他法人（包括其他特别法人）都有特殊之处，但大多数研究都只将目光聚焦于其民主管理模式、盈余分配模式等方面，没有从宏观角度思考合作社为什么要按照这些模式运行，法律的相关规定有何目的、是否合理。

本书从农民专业合作社的本质属性、基本原则、特别法人的主体地位、民主治理方式、成员出入自由的实现等方面进行深入的思考，有助于弥补对该法律制度研究的不足。

第三，有利于促进中国特色农村经济组织法律体系的建构。《农民专业合作社法》是我国第一部具有特别法人地位的民事主体的专门法，同时也是第一部规范我国农民经济组织的专门法。以《农民专业合作社法》为基础，丰富我国其他农村经济组织的立法，完善相关配套法规规章，制定地方的相关实施细则，对于完善我国农村法治体系建设具有重要的意义。

第四，有助于推进农村治理体系和治理能力现代化。农民专业合作社兼具营利属性和社会保障属性，融合了我国乡村治理现代化和乡村振兴战略的价值追求，为治理有效和产业兴旺提供了平台和载体。农民专业合作社规范化发展的过程中培养了农民专业合作社及其成员的主体地位和法治意识，使其有意愿、有能力参与到乡村治理中，对于推进乡村治理体系和治理能力现代化具有积极作用。

2. 实践意义

第一，促进《农民专业合作社法》实施。从实践中可知，《农民专业合作社法》及相关法律法规的实施过程中存在问题。从 2007 年《农民专业合作社法》实施到 2017 年的修订，农民专业合作社的发展有了长足的进步，但实践中的很多问题依然存在。本书拟依法提出相应的修改完善措施，切实保护农民专业合作社及其成员的合法权益，对《农民专业合作社法》更好地落实有所助益。

第二，促进农民专业合作社规范化发展。作为新型农业生产经营主体，农民专业合作社的规范化是近几年国家大力发展农民专业合作社的重点问题。我国农民专业合作社的数量不断增长，质量却仍然参差不齐。本书为规范农民专业合作社的发展提出具体可行的建议,对促进农民专业合作社规范化建设有积极作用。

第三,促进乡村特色产业发展。在乡村振兴的大背景下,农民专业合作社能够充分享受中央和地方的优先扶助资金和优惠政策,因地制宜地开发和发展独具特色的农产品、手工艺品、非遗产品等,进而形成特色产业项目,"一村一品""一社一特色"等,对于乡村特色产业发展有重要的推动作用。

三、研究动态

(一)国外研究综述

1. 合作社理论渊源

合作社思想起源于"乌托邦"。西方资本家追求利益最大化,过度攫取工人的劳动剩余价值,使得劳动者生活极其悲惨。劳动者思想觉醒、争取权利的过程得到了一些政治家和思想家的关注。空想社会主义的奠基人托马斯·莫尔在目睹英国"圈地运动"给农民带来的灾难后认为,资本主义私有制是造成一切不平等的根源,于是出版了《乌托邦》一书批判资本主义制度,设想一个消灭了私有制的理想社会。[1]此后,越来越多的人看到了资本主义的弊端,尝试通过各种方式建立一个消除剥削、消除私有制的社会。19世纪初,空想社会主义者圣西门提出了"实业制度",主张尊重劳动者,有计划地组织生产。傅立叶提出了"法郎吉"的设想,通过招股的方式筹集财产,全体成员在法郎吉中劳动,全部收入按照资本占4/12,

---

[1] [英]安东尼·肯尼:《牛津西方哲学简史》,陈晓曦译,中国轻工业出版社2019年版,第218-221页。

劳动占 5/12，才能占 3/12 的比例分配给成员。[1]欧文在美国印第安纳州开启了公社组织的探索，建立了"新和谐共产主义移民区"，制定了《"新和谐"公社组织法》，在生产资料公有制的基础上建立劳动公社或合作公社，成年人平等劳动，按照年龄获得生活所需。他还在伦敦创办了"全国劳动产品公平交易市场"，以一小时劳动为单位的劳动券交换物品。[2]总之，空想社会主义者将合作社形式的组织看作一种理想的社会形态，希望利用合作社将工人、农民联合起来对抗资本家，实现社会改造的目的。

马克思、恩格斯的合作社思想是将合作社的公有制和生产者权利平等推至全国范围，成为实现共产主义的过渡阶段。马克思说："如果合作制生产不是一个幌子或一个骗局，如果它要去取代资本主义制度，结束无时不在的无政府状态和周期性的动荡这样一些资本主义产生的难以逃脱的劫难，那么，请问诸位先生，这不是共产主义，'可能的'共产主义，又是什么呢？"[3]列宁早期的思想认为合作社是资本主义社会的遗留物，之后又纠正其看法认为合作社具有国家资本主义的形式；随着实践的发展，列宁开始意识到合作社具有社会主义性质，是集体经济的实现形式。相较于空想社会主义将合作社作为解决弱势群体经济问题的思想，马克思主义则将合作社看作一种政治制度，是迈向共产主义的过渡阶段。

1844 年成立的罗虚戴尔公平先锋社是世界上第一个成功的消费合作社，其章程内容奠定了现代合作社的制度基础，罗虚戴尔合作

---

[1] 申龙均、潘峻岳编著：《农民合作社研究》，北京理工大学出版社 2015 年版，第 18-19 页。

[2] 申龙均、潘峻岳编著：《农民合作社研究》，北京理工大学出版社 2015 年版，第 16-17 页。

[3] 《马克思恩格斯选集》（第 3 卷），人民出版社 1995 年版，第 59-60 页。

社抛弃了"主义"和"社会目标"的空想，着手解决成员生活中的实际困难。将成员的利益与合作社的利益结合起来，并以实现成员利益为优先考量，使得合作社真正运营了起来。国际合作社联盟（International Cooperative Alliance, ICA）将罗虚戴尔合作社的成功经验归纳为七条原则，作为界定合作社的标准。

2. 合作社的经济学研究

经济学家把合作社分为三种模式：垂直一体化形式、独立企业、集体或联合行动的联盟。[1]同时，在合作社的研究中引入了"委托－代理"理论、产权理论、不完全契约理论、交易成本理论、博弈理论等，来解释合作社的成员结构、组织形式、盈利方式以及与其他市场主体的关系，解决合作社制度产生的"搭便车"等问题。伊美利安诺夫（Emelianoff, 1942）是第一个提出合作社纵向一体化模型的学者，他认为合作社是多个经济单位的集合，成员是委托人，合作社是代理机构，理事会代表成员管理合作社[2]。菲利普斯（Phillips, 1953）在纵向一体化的框架下建立了合作社产出与价格的模型，假设存在成员和合作社的共同利益最大化，成员的决策出于个人边际成本等于合作社的边际收益。[3]在古典经济学理论中，合作社是一种有别于投资者所有的企业形式。恩科（Enke, 1945）认为合作社应该追求利益的最大化，即追求收益和惠顾者的双重利益最大化。[4]塞克斯顿（Sexton, 1990）认为合作社具有促进市场竞争

---

[1] 郭红东、钱崔红：《关于合作社理论的文献综述》，载《中国农村观察》2005 年第 1 期。

[2] I. V. Emelianoff, *Economic Theory of Cooperation: Economic Structure of Cooperative Organizations*, Center for Cooperative, University of Califomia (reprint), 1942.

[3] R. Philips, *Economic Nature of the Cooperative Association*, American Journal of Agricultural Economics, Vol. 35, No. 1, 1953, pp. 74 – 87.

[4] S. Enke, *Consumer Cooperatives and Economics Efficiency*, American Economic Review, Vol. 35, No. 1, 1945, pp. 148 – 155.

的效应，以平均净收益为定价准则的合作社的竞争效应要大于以边界净收益为定价准则的合作社。[1] 费尼曼和佛克戚特（Feinerman & Falkovitz，1991）建立了服务多目标的合作社模型，认为成员既是生产者又是消费者，合作社的服务会影响成员的生产力和收入，进而影响成员的消费；在成员同质化的前提下，合作社的价格和分配经过调整能够实现帕累托最优。[2] 崔和费尼曼（Choi & Feinerman, 1993）进一步拓展了模型，分析成员异质化背景下合作社价格和分配的帕累托最优。20世纪90年代合作社被看作是一种联盟。祖斯曼（Zusman，1992）解释了异质性成员合作社在信息不完全以及有限理性的基础上如何选择集体规则。[3] 祖斯曼和劳赛尔（Zusuman & Rausser，1994）认为合作社的决策模式是N个人的囚徒困境，群体行为影响合作社的效率。[4] 总的来说，经济学对于合作社的研究主要有两个目的：一是为合作社找到收益最高、管理成本最小的模型；二是建立能够保障小农权利的治理结构。

3. 合作社的法律制度研究

世界各国基本都肯定了合作社的法律主体地位，并制定了相关法律进行规范。从世界范围来看，合作社的立法主要分为两种形式。一种是单独立法，即制定专门的法律对合作社进行规范。例如，《英国合作社法》《德国工商业与经济合作社法》《芬兰合作社法》等。

---

[1] Richard J. Sexton, *Imperfect Competition in Agricultural Markets and the Role of Cooperatives: A Spatial Analysis*, American Journal of Agricultural Economics, Vol. 72, No. 3, 1990, pp. 709 – 720.

[2] E. Feinerman and M. Falkovitz, *An Agricultural Multipurpose Service Cooperative: Pareto Optimality, Price-Tax Solution, and Stability*, Journal of Comparative Economics, No. 15, 1991, pp. 95 – 114.

[3] P. Zusman, *Constitutional Selection of Collective-Choice Rules in a Cooperative Enterprises*, Journal of Economic Behavior and Organization, No. 17, 1992, pp. 353 – 362.

[4] P. Zusman and G. C. Rausser, *Interorganizational Influence and Optimality of Collective Action*, Journal of Economic Behavior and Organization, No. 24, 1994, pp. 1 – 17.

日本对合作社的立法进行了更为细致的分类,根据行业不同分为《日本农业协同组合法》《水产协同组合法》等。美国、澳大利亚等国的州也有单独的合作社立法,如《澳大利亚新南威尔士州合作社法》《美国纽约州合作社公司法》《美国犹他州统一农业合作社协会法》等。另一种是在民法典或商法典中制定合作社的相关条款,如《独联体成员国示范民法典》《瑞士债法典》《意大利民法典》等。世界各国和各地合作社立法中都对合作社的法人地位、组织形式、成员权利、股权结构、盈余分配方式等进行了规定,很多国家的法律还授予合作社一些特殊的权利,如税费减免、垄断豁免等。总的来说,各国的法律规定都谨慎考量了ICA对合作社的定义,在合作社的本质和原则方面达成了基本共识。

(二)国内研究综述

1. 农民专业合作社的制度边界

国内关于合作社本质的研究,大多建立在对ICA所提出的合作社原则进行讨论的基础上。徐旭初(2003)考察了ICA合作社原则的演变,认为合作社是一种交易的联合,其核心是按惠顾额进行利益分配的分配模式。应瑞瑶、何军(2002)则认为合作社的根本原则是民主管理和成员经济参与。应瑞瑶(2002)通过考察江苏省75家农民专业协会和47家农民专业合作社发现,无论农民专业协会还是农民专业合作社都未按照合作社的基本原则运营,他认为我国合作社应当参照北美新一代合作社的模式,在遵循自愿互利、产权明晰、民主平等、资本报酬有限、按经济规律办事的基础上灵活发展。苑鹏(2006)认为,合作社的本质在于成员的所有权、控制权和收益权都建立在对合作社使用的基础上。黄祖辉(2008)认为合作社的关系本质是外部交易关系和内部科层体制相结合的产业组织关系。任强(2010)认为合作社最低限度在于劳动控制资本、成员经济民主、利益共享以及强烈的社会责任感。徐旭初（2012）认为实践中农民专业合作社的底线发生漂移主要在成员使用、直接民主和惠益返还的问题上。总的来说，围绕国际合作社提出的合作社原则，学者们各有侧重地讨论了农民专业合作社的主要原则和制度边界。有的学者通过比较的方法将合作社与其他经济组织进行区分，如唐宗焜（2003）认为合作制与公司制、集体制的混淆是我国合作社重建的障碍。任大鹏、郭海霞（2009）则依据法治原则认为真正的农民专业合作社应当符合法律规定的合作社原则，登记注册，并在运行中符合合作社的治理机制和盈余分配规则。

2. 农民专业合作社在实践中存在的问题

农民专业合作社在实践中呈现出多样化形态，也出现了很多问题。许多学者都通过实证调研结合数据分析总结了主要的问题形式，提出了相应的解决办法。一是农民专业合作社实践运行中不规范问题。马彦丽、孟彩英（2008）认为我国农民专业合作社中普遍存在的委托－代理关系导致了对中小社员利益的侵害以及合作社整体价值的损失。邓衡山、王文烂（2014）认为我国大部分农民专业合作社都不具有所有者与惠顾者统一的属性，很难说是真正的合作社。李云新、王晓璇（2017）认为我国农民专业合作社在成立、运行、利益分配等多个环节都发生了扭曲，制度环境和组织安排为合作社的扭曲提供了主观激励。二是合作社内部龙头企业和大户侵占农户利益的问题。潘劲（2011）认为农民专业合作社中大股东控股的现象较为普遍。马彦丽、孟彩英（2009）和温铁军、仝志辉（2009）认为资本和部门"下乡"与大农联合成立了农民专业合作社，使得大农吃小农成为合作社发展的主流。张晓山（2009）认为，公司领办合作社中公司与农户的关系不平等，在利益分配中农户无法与公司抗衡。三是"空壳社"问题。苑鹏（2013）认为空壳社存在两种类型：①为套取政策支持成立的合作社；②停业一年已无法开展经营的合作社。冯小（2014）认为"空壳社"出现的原因是农民专业合作社被包装为下乡资本的牟利工具，下乡资本和部门权力的结合使得合作社被策略化运作，因此，很多合作社为获得国家扶持资金，不从事具体经营。四是合作社资金不足的问题。杨亦民、马兰君（2019）认为农民专业合作社的规模和盈利能力与合作社的债务融资额呈负相关。郭媛媛、童礼等（2015）调查了湖南60家合作社后发现，农民专业合作社融资困难的原因主要有内部财务不规范、缺乏抵押物、银行放贷偏好、政府融资力度不够等。高敏（2019）认为新时期的农民专业合作社存在融资规模小、渠道单一、稳定性差等问题，需完善农村金融产品体系，强化金融政策支持，构建新型农村金融系统。五是合作社盈余分配不公平问题。冯开文（2005）认为农民专业合作社的分配制度是合作社产权、合作社企业家治理和治理机制的体现和折射，37份调查问卷显示，成员获得股金分红很少，利润返还比例无规律，分配制度存在缺陷。米新丽（2008）认为合作社应当就成员资格终止和合作社终止不同情况对公共积累能否进行分配问题进行区别对待。孔祥智、周振（2014）认为我国合作社的盈余分配制度在公共积累和交易量（额）返还上存在重大缺陷，合作社的盈余分配严重忽视管理者才能。应瑞瑶、朱哲毅、徐志刚（2017）通过对3省331个村的农民专业合作社调查了解到，严格按照法律规定进行盈余分配的制度较为苛刻，不规范是合作社面对现实情况的理性选择。

3. 农民专业合作社法治化研究

《农民专业合作社法》颁布实施后，学者对具体的法律制度和实施效果进行了研究，提出了法律有待完善的地方。一是《农民专业合作社法》法律名称完善问题。如徐旭初（2012）、韩长江（2016）

等学者认为，我国已经形成多种合作经济组织的形式，"农民专业合作社"这一名称已无法涵盖实践中出现的其他类型的合作社，建议修改为"农民合作社法"。二是《农民专业合作社法》调整对象偏窄的问题。如苑鹏（2016）认为《农民专业合作社法》的调整范围应当囊括农村家庭经营所有可能的生产经营服务功能。三是成员准入缺少限制问题。徐旭初（2012）认为实践中存在成员权利义务不平等的问题，《农民专业合作社法》应当对成员的准入进行限制。李雨、李录堂（2013）认为合作社成员自由准入以及合作社设立标准不统一等问题影响了合作社的稳定性，成员权利义务不平等违背了合作社的设立初衷也导致合作社的治理机制有问题，特定成员的法律责任缺失。四是法律对成员权利保障不足的问题。赵谦（2012）认为，农民参与困境是实施《农民专业合作社法》所面临的首要问题，农民参与能力、参与积极性和参与空间是影响农民参与合作社的关键因素。任梅（2013）认为《农民专业合作社法》忽视了对农民主体地位的保障，对合作社规范化不够重视。任大鹏、王静培（2015）认为法律和政策应当强化农民专业合作社社区服务的益贫性，发挥合作社带动弱势农民参与市场竞争的作用。五是实践中法律条款未能很好实施的问题。李秀丽（2009）认为《农民专业合作社法》实施中存在章程"虚化"、过于强调企业利益、成员准入规则不明等问题。任大鹏、吕晓娟（2018）认为《农民专业合作社法》在实践中存在注册程序不规范、大户控制、股份化等问题，农民专业合作社对小农利益的保障不够。徐旭初（2012）认为很多合作社在实践中未按照《农民专业合作社法》的要求运行，很多地方政府对合作社缺乏实质性的扶持。

2017年我国对《农民专业合作社法》进行了修订，从前期研究成果和修订结果来看，法律调整范围有所扩大，成员同质化或异质化的法律问题得到了解决,成员的主体性得到了更多的重视。但旧法中存在的,如法律名称、成员准入等问题在新法中并未得到回应,法律实践中的大部分问题也未得到解决。

(三)评述

关于农民专业合作社的研究主要有两种路径:早期以 ICA 的原则为基础,讨论合作社的本质属性,以及我国的农民专业合作社是否符合合作社标准,兼而讨论《农民专业合作社法》条款的合理性和可行性等问题。其后更多地是通过对实践中农民专业合作社的调研,从效率、公平及合法性的角度讨论农民专业合作社的发展方向及法律制度完善。法学对于农民专业合作社的研究主要有两个视角:一是以利益最大化为目标,制定相应的法律制度对农民专业合作社相关主体的权利义务关系进行协调;二是以成员权利保障为目标,研究成员在农民专业合作社中的权利表达和权益保障问题。

从现有研究来看,学者们对于资本进入农民合作社持开放态度,同时对于成员的主体地位和权利保障,尤其是小农成员的权利保障都持重点关注的态度。但提出的对合作社大股东、领办人的限制,对小农成员的保护,以及对合作社的帮扶措施和治理改进方案在实践中都没有得到很好的实施,对于规范农民专业合作社的效果很有限。《农民专业合作社法》颁布至今,法律实施中的各种问题,如依法"一人一票"民主管理、按交易量(额)分配盈余等也未能得到有效落实。

四、主要内容和研究方法

(一)主要内容

本书对常见的农民专业合作社进行类型化分析,归纳农民专业合作社实际经营过程中存在的问题，探究我国农民专业合作社发展长期不规范的原因及背后的逻辑，揭示农民专业合作社法律制度实施与农民专业合作社实践中的巨大张力，力图通过探索其规范化、法治化的有效路径，进一步加强和深化《农民专业合作社法》及其配套法律法规的应有作用，鼓励、支持、引导、促进农民专业合作社作为特别法人和新型农村生产经营主体的规范和发展。

农民专业合作社是"在农村家庭承包经营基础上，农产品的生产经营者或者农业生产经营服务的提供者、利用者，自愿联合、民主管理的互助性经济组织"[1]。其具有"弱者"的劳动联盟、所有者与惠顾者统一、民主管理、按交易额分配盈余等本质特征。我国农民专业合作社具有集体性较强、发展空间大、发展时间短、特色不显著等特点，在当地具有发展农村经济、稳定土地承包关系、整合农村社会资源、填补农村社会治理漏洞、提供公共服务、促进文化发展等功能。以产业类型为依据，兼顾生产要素的影响，可以将农民专业合作社分为民间工艺合作社、乡村旅游合作社、土地股份合作社、飞地经济合作社和领办型合作社等。通过对《农民专业合作社法》及相关法规规章和规范性文件的检视，分析农民专业合作社的法人制度、成员制度、内部治理制度、盈余分配制度以及对农民专业合作社的扶持制度，结合农民专业合作社的实际情况，发现《农民专业合作社法》的规定与农民专业合作社实际运行之间存在巨大张力。农民专业合作社实践中存在产权冲突、成员分化、退社权行使困难、盈余分配方式局限、政府扶持标准同质化等法律问题，还有登记审核形式化、规范化管理存在漏洞、示范社评定有偏差等行政管理方面的问题，以及服务合同纠纷、土地承包经营合同纠纷、

---

[1] 参见现行《农民专业合作社法》第2条。

内部治理纠纷等农民专业合作社与社员的司法纠纷。完善农民专业合作社法律制度实施，促进农民专业合作社发展，一是要完善农民专业合作社的法律制度，包括制定《农民专业合作社法》配套法律法规、加强农民专业合作社的协商治理、完善成员出资和占比的规定、加强《农民专业合作社法》的司法适用；二是要完善农民专业合作社的行政管理制度，包括完善农民专业合作社的年报公示制度、落实对"空壳社"的注销制度、拓宽政策扶持标准、加强对农民专业合作社的指导宣传；三是要完善农民专业合作社内部治理制度，包括完善合作社章程、落实财务报告公示制度、完善成员名册和份额登记，落实成员退社自由；四是国家和地方政府应当加强对乡村特色产业合作社的扶持，重点扶持特色文化产业合作社，鼓励发展村寨旅游合作社，进一步提升农民专业合作社的质量和发展效率。

（二）研究方法

本书内容涉及合作社的理论，农民专业合作社的法律规范，以及法律实施情况，主要采用法社会学的研究方法，具体包括以下三种。

1. 田野调查法

本书选取了不同行业、各具特色的农民专业合作社进行调查，采取了"直接观察法"和"访谈法"，对当地的经济情况、产业建设情况和农民专业合作社的具体运行情况进行观察，访谈了这些农民专业合作社的理事长、设立人、核心成员、普通成员以及合作社所在地村委会负责人和行政主管部门的工作人员，对这些农民专业合作社的实际运行情况进行了深入了解，获得了比较全面的认识和一手材料。

2. 个案分析法

从调查过的多个农民专业合作社中，以其成员和财产结构以及从事行业为分类标准，选取了6个农民专业合作社进行个案分析，考察合作社的由来、成员结构、组织形式、资产来源、内部治理模式、盈余分配模式、发展愿景等情况，分析其在实践中的运行情况，对照农民专业合作社的法律法规，观察合作社实际运行与《农民专业合作社法》规定之间的差距，从中发现合作社运营不规范、法律规定不实际的问题，分析其产生的原因以及法律法规的不完善之处，寻找弥合法律规范与实践之间差距的方法。还选取了5个具有代表性的涉农民专业合作社的商事案例，分析案件的法律关系和判决结果，探究《农民专业合作社法》在司法适用中遇到的困难，思考其对农民专业合作社发展及对其成员权益的影响，提出完善《农民专业合作社法》及其配套法规实施的措施。

3. 规范分析法

农民专业合作社的主要法律有《农民专业合作社法》《农民专业合作社年度报告公示暂行办法》《农民专业合作社会计制度》《农民专业合作社财务制度》等10部法律和部门规章，以及地方层面的法规包括省级地方性法规19部，设区的市地方性法规1部。本书以《农民专业合作社法》为基础，结合其他配套法规和规范性文件，分析农民专业合作社法律规范存在的问题和不足，提出相应的完善建议。

第一章
农民专业合作社的治理基础

"合作"一词源于拉丁文,其原意是指成员之间共同行动或协作行动。[1]作为一种社会现象,合作自有人类活动开始就存在,可以说合作是写在人类基因里的一种品质。《进击的智人》一书中的核心观点是"匮乏塑造了人类",匮乏使得一部分古猿的脑容量扩大,使得人类开始制造工具。[2]合作是人类在面对匮乏的过程中被自然奖励的一种品质。面对恶劣自然环境、饥饿等威胁的过程中,不懂合作或不能合作的人类逐渐被自然淘汰,懂得合作且有能力进行合作的人类

---

[1] 张曼茵:《中国近代合作化思想研究(1912—1949)》,上海书店出版社2010年版,第6-7页。

[2] 参见河森堡:《进击的智人》,中信出版社2018年版。

得以延续,从此,合作的基因被延续了下来。大约在公元前3 000年的古巴比伦就出现了集体租用土地的合作社,埃及、希腊、罗马等古文明的发源地也出现过合作组织的印记。[1]

赫伯特·金迪斯认为:"合作是指人们同别人一起从事互利活动的行为。"[2]其出发点首先是自利,这也是人类各种行为的原动力。亚里士多德认为:"人们为了获得特别的好处,通过为生活的目的提供某些特别的东西而聚到一处。"[3]通过合作,人们可以获得超出个人能力范围的收益,当合作使得组织里的每个人都获得更多收益时,互利就成为自然而然的结果。最初的合作行为出现在血缘亲属中,其目的是保障个体基因的传承。"那些由具备合作倾向和维护伦理规范倾向的个体所组成的群体,比起其他群体更加容易生存并扩展,这使得亲社会动机能够得到扩散。"[4]合作的群体存活了下来,合作的基因由此被传承。随着社会生活的复杂化,人类行为的目的逐渐多元化,合作的范围也从血缘亲属逐渐向外扩散。政治学家哈罗德·拉斯基认为:"社团的存在是为了达到集团成员共有的目的。"[5]社会学家赫伯特·金迪斯则认为,志趣相投的人合作是因为能够从中获得快乐,对他人福利的关心、维护社会规范的愿望以及合乎伦理的

---

[1] 尹树生:《合作经济概论》,三民书局1980年版,第21页。
[2] [美]塞缪尔·鲍尔斯、赫伯特·金迪斯:《合作的物种:人类的互惠性及其演化》,张弘译,浙江大学出版社2015年版,第3页。
[3] 转引自[美]曼瑟·奥尔森:《集体行动的逻辑:公共物品与集团理论》,陈郁、郭宇峰、李崇新译,格致出版社、上海人民出版社2018年版,第7页。
[4] [美]塞缪尔·鲍尔斯、赫伯特·金迪斯:《合作的物种:人类的互惠性及其演化》,张弘译,浙江大学出版社2015年版,第1-2页。
[5] [美]曼瑟·奥尔森:《集体行动的逻辑:公共物品与集团理论》,陈郁、郭宇峰、李崇新译,格致出版社、上海人民出版社2018年版,第7页。

行为都能给人们带来正面的价值体验。[1]无论是出于道德上的自我愉悦感和价值感，还是出于理性中的逐利行为，合作总是能给人们更多的奖励。

除自利性外，合作也出于利他性的驱使。从个体角度而言，人类有共情的能力，关注他人，对他人的情绪和遭遇感同身受是一种本能。当他人遭遇不幸时，即使自身能力有限，也会因为同情而提供帮助，在帮助他人的同时获得情感上的满足。从群体角度而言，群体团结中产生的情感能量对个体产生了持续的吸引力，从而使个体向群体靠拢。兰德尔·柯林斯提到："由群体团结的体验所产生的情感能量是社会互动中的首要益处，并且所有价值导向的行为都受到理性的激发，趋向于将该益处最大化。"[2]当人们进入团体，共同致力于互相关注并融入共同的情感时，就会得到团结的回报，这种情感上的能量驱使人们持续为他人付出，从中进一步获得能量，合作也基于这些能量的传递而更加紧密。

第一节 农民专业合作社治理的理论基础

如果说合作是人类的本能，近代经济合作组织的出现则是政治制度和社会发展的产物。18—19世纪西方形成了以生产为核心的商品经济社会，资本家以营利为目的，追求以最小的成本换取最大的

---

[1] [美]塞缪尔·鲍尔斯、赫伯特·金迪斯：《合作的物种：人类的互惠性及其演化》，张弘译，浙江大学出版社2015年版，第4-6页。
[2] [美]兰德尔·柯林斯：《互动仪式链》，林聚任、王鹏、宋丽君译，商务印书馆2017年版，第207页。

价值，积累最多的财富，工人、农民等平民阶层不堪资本家的压榨，转而追求通过团体的力量增强阶级的权力感，以合作社为代表的现代经济合作组织应运而生。

一、农民专业合作社的概念界定

广义上的"合作"是互相配合做某事或共同完成某项任务，广义上的"合作组织"包括经济合作组织、社区合作组织、文化合作组织以及宗教类合作组织。合作社是全球范围内开展的经济合作组织。ICA 对于合作社的定义为："A co-operative is an autonomous association of persons united voluntarily to meet their common economic, social, and cultural needs and aspirations through a jointly – owned and democratically – controlled enterprise."[1]（合作社是人们自愿联合起来，通过共同拥有和民主控制的企业来满足他们共同的经济、社会、文化需求和愿望的自治协会。）可以看出，合作社经营与发展的最重要目标是为社员提供服务，所涉及的领域是多种多样的，其组织原则是自愿联合、共同拥有和民主控制。

我国合作社的种类有很多，历史上出现过生产合作社、信用合作社、消费合作社、住房合作社等各类合作组织。现阶段有明确法律法规规定，而且在实践中存量较多的是农民专业合作社、农村信用合作社和供销合作社。其中，农民专业合作社是指"在农村家庭承包经营基础上，农产品的生产经营者或者农业生产经营服务的提

---

[1] 任强：《合作社的政治社会学》，中国社会科学出版社 2014 年版，第 13 页。

供者、利用者,自愿联合、民主管理的互助性经济组织"[1]。它是成员自愿联合、民主管理的经济组织,其组织的核心目的在于互助,从事的行业主要为农业生产、经营和服务,制度基础则是我国农村的基本经济制度——家庭联产承包责任制。作为我国农村重要的生产经营主体,农民专业合作社从出现以来就承担着集中农村生产资料、组织农业生产经营的重要作用。

随着我国农业农村战略的不断推进,农村出现了土地股份合作社、股份合作社、经济合作社等新型合作社。这类合作社大多以农村集体经济组织的财产和成员为基础,内部管理方式和经营范围与农民专业合作社有一定的相似之处,但又存在本质区别,总体呈现多样化态势。例如,有的新型合作社进行了农民专业合作社登记,有的则未进行登记,仅以农民自组织的形式存在。国家政策文件中也未对"农村合作社""农民合作社""农村股份合作社"等概念进行明确的界分,将所有涉农领域合作社统一归纳为"农村合作社"。因此,本书所研究的农民专业合作社主要是指符合《农民专业合作社法》规定,依法进行注册登记的对象,也兼顾部分"有名无实"或"有实无名"的农民专业合作社。

二、农民专业合作社的历史沿革

(一)现代合作社起源

世界上第一个成功的合作社是英国的罗虚戴尔合作社(消费合作社),其成立于1844年,由罗虚戴尔镇的28个纺织工人发起,目

---

[1] 参见现行《农民专业合作社法》第2条。

的在于以公平合理的价格为社员提供生活必需品,增加成员的经济收益,改善成员的社会地位。罗虚戴尔合作社的原则是:"入社自由、成员开放;民主管理、一人一票;货真价实,市价出售;现金交易;资本利息有限;盈余按交易额占比分配;政治、宗教中立;在盈利中提留教育费。"[1]这八项原则首次为合作社与其他组织划定了边界,为现代合作社制定了标准。

罗虚戴尔合作社的出现给"合作"一词赋予了特殊的经济内涵,"Co-operation"被认为是"所有参加者必须按照大家都同意的基本原则共同工作"[2]。1895年ICA将"罗虚戴尔原则"作为ICA的办社原则,列入联盟章程。其后,ICA多次对罗虚戴尔原则进行了讨论和修改:1937年ICA第14届代表大会在罗虚戴尔原则的基础上增加了"只与成员交易、入社自愿、按市价交易、创立不可分割的社有财产"[3]等原则;1966年ICA第23届代表大会发布的《国际合作运动指南》中再次对罗虚戴尔原则做了修改,保留了"入社自由、民主管理、资本报酬有限、盈余以交易额返还、重视教育",增加了"促进合作社之间的合作"[4];1995年罗虚戴尔原则中增加了"关心社区"。至此,ICA的办社原则被确定为"自愿入社、成员开放;民主自治;成员经济参与;重视教育;关心社区;促进合作社之间的合作"[5]等。

---

〔1〕付德宝、史言:《罗虚戴尔原则的演变》,载《中国供销合作经济》2002年第7期。

〔2〕张曼茵:《中国近代合作化思想研究(1912—1949)》,上海书店出版社2010年版,第6-7页。

〔3〕付德宝、史言:《罗虚戴尔原则的演变》,载《中国供销合作经济》2002年第7期。

〔4〕徐旭初:《合作社的本质规定性及其他》,载仝志辉主编:《农民合作社本质论争》,社会科学文献出版社2016年版,第23页。

〔5〕张晓山:《合作社的基本原则及有关的几个问题》,载仝志辉主编:《农民合作社本质论争》,社会科学文献出版社2016年版,第3-4页。

20世纪80—90年代美国北达科他州、明尼苏达州以及加拿大出现了新一代合作社,其特征是实行封闭会员制,以农产品加工增值为营业内容。[1]传统合作社不加选择地吸收成员导致成员"搭便车"现象严重,合作社的效率越来越低,生命力逐渐消失。新一代合作社为应对这一危机,对合作社的组织形式进行了改革,一方面通过提高成员的门槛、控制成员总数、禁止或限制合作社与非成员交易等措施维护了合作社的稳定性,保障了成员的利益以及合作社运行的高效率;另一方面通过增加股金的分红率、按比例计算投票权,提高了资本对于合作社的控制权,从而吸引资本的投入。新一代合作社在提高效率的同时牺牲了部分公平性,借助资本力量扩张的合作社是否还能保障劳动者、贫困者获得平等的帮助和公平的收益?合作社还是不是合作社?答案都变得不确定。即便如此,很多学者依然认为引入资本力量是合作社未来的发展方向,新一代合作社的出现为合作社的发展提供了一种新的范式。

(二)我国合作社产生的历史背景

中国自古以来就有集体主义观念,民间涌现了各种各样的济贫组织、合作组织、互助组织,如民间的家族组织、农会、商会等。现代合作社制度则是西方的舶来品,民国时期由归国留学生传入。20世纪初,从欧美归国的留学生在国民党高层以及地方政府中宣传欧洲合作社思想,代表人物有薛仙舟、汤苍园、覃寿公等。同一时期,马克思主义合作社思想也传入中国,介绍了苏联合作社运动的发展历史。[2]这一时期合作社制度的传播,如同当时乡村建设运动

---

[1] 杨娜曼:《农民合作经济组织的制度经济学研究——基于湖南农民合作经济组织发展分析》,经济管理出版社2012年版,第88页。
[2] 张曼茵:《中国近代合作化思想研究(1912—1949)》,上海书店出版社2010年版,第76-85页。

的兴起,都是知识分子在国家危亡之际借用西方国家的先进经验和现代经济学思想来改革社会现状的尝试,从思想到形式都深受英、法、美、日等国家的影响,带有强烈的政治目的和社会改革倾向。1918年在北京大学成立的北京大学消费合作社是中国近代最早的合作社,它以"成员公开、自愿入股、民主管理、盈余返还"为原则[1],与ICA的理念基本相同。1932年中华苏维埃共和国临时中央政府颁布的《合作社暂行组织条例》规定,"合作社系由工农劳动群众集资所组织的,富农、资本家及剥削者均无权组织和参加";社员以出资方式认购股份,"每个社员其入股之数目不能超过10股,每股金额不能超过5元";社员不仅是股东,而且必须是合作社的"直接消费者、生产者、借贷者"。[2]1934年中华民国政府颁布的《中华民国合作社法》规定,合作社成员以出资方式认购股份,"每人至少一股,至多不得超过股金总额20%";限制资本分红,"社股年息不得超过1分,无盈余时,不得发息";公积金不得分配;社员大会为合作社最高决策机关,一人一票。[3]以上法律规定体现了我国早期的合作社原则,其受欧美合作社思想影响较深,基本遵循了ICA的原则。由于国内政治环境动荡,人民生活不稳定,所以这些合作社的存续时间都不长,盈利也十分有限。

中华人民共和国成立前后,我国农村经历了土改运动,中国共产党铲除了封建土地所有制,将土地重新分配给农民。这一运动有效缓解了农村社会的尖锐矛盾,同时也对农业生产提出了新的考验。

---

[1] 李继志:《新型农民专业合作社:参与主体行为、组织制度与组织绩效》,湖南大学出版社2017年版,第35页。

[2] 柯华主编:《中央苏区财政金融史资料选编》,中国发展出版社2016年版,第32-33页。

[3]《中华民国合作社法》,载《宁夏供销合作社志》编纂委员会编:《宁夏供销合作社志》,宁夏人民出版社1994年版,第733-740页。

当时的贫农很少掌握生产工具,虽然有了土地,但耕作效率极低,有的地区还出现了贫困农民因无力耕种而出卖土地的情况。新中国当时正处在国家工业化发展的重要时期,分散的小农经济只能满足农村自给自足,无法支持国家的工业化建设,农业生产合作化成为改革小农经济的局限性、支持国家工业化建设的有效路径。1951年中共中央颁布了《关于农业生产互助合作的决议(草案)》,鼓励全国农村根据自身情况发展互助合作运动,提倡从临时互助逐渐发展为常年互助。1953年12月颁布的《关于发展农业生产合作社的决议》中,首次提出了农业合作化的概念,要求实现全国三分之一农民加入初级社,有条件的地区发展高级社。到1956年,全国高级合作社54万个,全国农户入社率达87.8%;1957年年底,全国97%的农户加入了高级社。[1]随着农村高级合作社的迅速增加,我国农村合作化运动转向集体化,各地的高级社变成了人民公社。人民公社超出了农民经济合作的范畴,转变为以政治为导向的社会化大合作,农村的政治、经济、科教文卫等各项公共事务都纳入人民公社的管辖范围,最终衍生为最基层的人民政府。

1978年家庭联产承包责任制的推广再次确定了小农在农业生产中的基础地位,农民重新获得了土地的使用权。与此同时,市场经济的浪潮也影响着农村经济,在面对变化万千的市场时,小农的局限也再次出现。虽然掌握了一定的生产资料,但小农个体的生产能力在广阔的市场面前仍然非常渺小。因认识能力有限、资金有限等诸多原因,农民很难在市场竞争中获得收益,其迫切需要提高市场竞争力,合作社再次成为农民自觉自愿的选择。

---

[1] 国家统计局农村社会经济统计司编:《中国农村统计年鉴(1989)》,中国统计出版社1990年版,第32页。

(三) 我国农民专业合作社的发展历程

在家庭联产承包责任制基础上建立的农民专业合作社再次回归了合作社作为经济组织的本质，其主要目的在于帮助农民对接市场，使农业生产向规模化方向发展。从制度变迁角度来看，农民专业合作社的发展主要经历了以下三个时期。

第一阶段是集体经济组织时期。这一时期全国农村刚开始实行家庭联产承包责任制，国家对于合作经济的认知仍停留在集体所有制的阶段。1982年《中华人民共和国宪法》第8条第1款规定："农村人民公社、农业生产合作社和其他生产、供销、信用、消费等各种形式的合作经济，是社会主义劳动群众集体所有制经济。"国家对于合作经济性质的认知并未影响其发展。随着"统购统销"制度的取消，农产品开始了商业化进程，市场对于农产品的需求大大增加。虽然农民获得了土地的承包经营权，但其有限的生产力却无法与农业商业化的市场需求匹配。于是各种形式的经济合作组织开始在农村出现，如农村研究会、农民专业协会等，为农民提供种粮技术指导，以及必要生产工具的租赁和购买服务。"据统计，1998年国内共有各类农村专业协会12万个，会员农户620多万，技术类协会组织占总数53%，提供生产资料和产品远销的合作经济组织占38%，能对初级农产品储藏运销、深度加工的合作经济组织占9%。"[1]

第二阶段是农民专业合作社试点期。20世纪90年代中后期，农产品的供应从短缺变为总量平衡，在很多领域甚至有过剩的情况发生，这就使得农业生产受市场影响更大。农民无法再从盲目的农业

---

[1] 孔祥智：《支持合作社发展政府应多管齐下》，载《中国合作经济》2011年第1期。

生产中获得收益率的稳步提升，故而期待通过合作组织了解市场规律，分担市场风险。农村合作经济组织从过去为农民提供生产服务和技术指导的协会转为实体经营型的农民专业合作社。1998年《中共中央关于农业和农村工作若干重大问题的决定》中指出："农民采取多种多样的股份合作制形式兴办经济实体，是改革中的新事物，要积极扶持，正确引导，逐步完善。"这一阶段合作社与农村专业协会逐渐区分开，向合作社方向发展的农村合作经济组织接受成员以资金、土地和劳动力等多种方式入股，在农业生产方面进行深度合作，远远超越了农村专业协会所停留的技术指导、提供生产工具的层面。浙江等东南沿海地区涌现了一批大户或公司领导的农民专业合作社，由大户或者公司组织一批农户种植特定农产品，并按照一定的标准和价格进行收购，统一加工或直接销售。2002年原农业部在全国选择了100个专业合作组织、6个地市以及浙江省作为综合试点单位，并于次年拨款2 000万元作为专项资金支持合作社的发展。[1]

第三阶段是农民专业合作社大力发展时期。2004年起，每年的中央一号文件中都强调要支持农民专业合作组织的发展。2007年《农民专业合作社法》实施，农民专业合作社的数量迅速上升，从当时的4.2万家增加至2017年的193.3万家，成员总数达6 794.3万个（户），为成员提供的经营服务总值达1.17万亿元。[2]中央到地方都出台了大量扶持措施，从财政、金融、税收、人才保障等多方面扶持农民专业合作社的发展。

---

[1] 陈锡文、赵阳、罗丹：《中国农村改革30年回顾与展望》，人民出版社2008年版，第147页。

[2] 《2017年农民专业合作社发展情况》，载《农村经营管理》2018年第10期。

三、农民专业合作社的本质特征

农民专业合作社是从事农业生产、经营、服务的合作社,要探究其本质特征,还须回溯到合作社的本质上来。早期合作社只是为成员提供服务的技术型组织,未参与农产品的销售,故其组织形式更注重平等和公平。随着市场经济的发展,合作社的实力不断壮大,在与其他市场主体之间相互学习、借鉴和竞争中,合作社也转而追求高效率和高利润,逐渐趋同于其他营利组织。虽然现在的合作社与其最初形态之间有一些差距,但其依然具有完全区别于其他市场主体的特征。正是这些特征使得农民专业合作社具有其他市场主体所不具有的优势,成为国家和社会中不可或缺的一部分。

(一)"弱者"的劳动联盟

"弱者"的劳动联盟是合作社的本质属性。现代合作社产生之初是低收入人群、弱势阶级为了对抗资本家或其他强势阶级的剥削,应对经济不景气或其他社会风险而自发团结在一起的"弱者"联盟。所谓弱者,不仅体现在个体经济收入上,而且体现在资源禀赋和社会地位等方面。世界上最早的合作社出现在工人阶级中,我国早期的合作社也是如此,他们代表着被资本家压迫的无产阶级,是当时社会上最贫弱的阶级之一。之后,合作社慢慢发展到农民群体中,作为农业生产经营组织长期存在。现在的合作社成员不再局限于政治上、经济上的贫困者,而更多的是市场中的"弱者"。弱者组织起来,是希望通过自力更生获得经济收入,缓解窘迫的生存状态,阶段性地改变自身的经济地位和社会地位。因此,合作社创立的初衷是建立劳动者的联盟而非资本的联盟。劳动者的联盟意味着成员大多通过自身劳动换取收入，成员之间是平等的劳动关系，而非雇佣、驱使关系。

随着社会环境的变化，合作社的阶级属性逐渐下降，经济发展属性占据更重要的地位，新型合作社的内部关系受到了资本的更多影响。坚持传统合作社理念的学者们认为，资本的进入会使得普通成员丧失对于合作社的控制，如果一个合作社抛弃劳动联盟的本质，而采取股东驱动成员的模式，那就有悖于合作社的本质属性。因此，在现代市场经济环境下，合作社的本质属性正在面临挑战。

（二）所有者与惠顾者统一

所有者与惠顾者统一是合作社的重要原则。幸福经济学学者认为，合作社与普通企业的区别在于合作社是"呵护持有者（care-holder）而不是股东"。[1]企业由股东设立，目标是在惠顾者身上追求利润的最大化，而传统意义上的合作社可以说是由惠顾者出资建立的，为惠顾者提供服务，同时由惠顾者享受分红收益。惠顾者是合作社的所有者，同时也是合作社的服务对象，合作社经营的目标不是在惠顾者身上获得最大的利润，而是通过为惠顾者提供服务，来帮助惠顾者个人实现利益的最大化。这使得合作社的成员既是所有者、控制者，又是使用者。在合作社中，所有者和惠顾者通过合作社进行交易，交易中出现的盈余按照交易量（额）等比返还给成员，所有者追求的利润最终又返还到了惠顾者的身上，这就使得合作社的成员无论扮演何种角色，利益都是一致的，确保了合作社内部的互助共享、互惠互利关系。

（三）民主管理

民主管理是合作社最重要的内部治理机制，其核心意义在于让

---

[1] ［加］马克·安尼尔斯基：《幸福经济学——创造真实财富》，林琼等译，社会科学文献出版社 2010 年版，第 182-201 页。

每一位成员有机会参与合作社的管理和决策。合作社行使民主管理权的机构是成员大会、理事会和监事会，"三会"的一切权利源于成员"一人一票"的投票权。营利法人的投票权一般以股权为基础，股东享有的股份越多，投票权就越多，对于公司的控制能力也就越强。合作社遵循的是以人为核心的投票权，即"一人一票"。合作社产生之初，罗虚戴尔原则中就明确提出了"一人一票、性别平等"原则，以最朴素的方式实现了每一位成员的有效参与，也充分体现了合作社"人合性"的特征。随着合作社运动的发展，ICA 关于合作社的原则作出了多次调整，对"一人一票"均有明确的表述。1966 年后调整的合作社原则中不再强调"一人一票"，但依旧强调民主管理、民主治理、成员民主控制等原则。新一代合作社出现了附加投票权、资本投票权以及交易额投票权，联合社中有以成员数、交易额或者资本量为基础的投票权，但尊重每一位成员的控制权一直是合作社所坚持的治理原则。

（四）按惠顾额分配盈余

按惠顾额分配盈余是最能体现合作社性质的分配方式。观察国际合作社原则的演变以及各国合作社的相关规定不难发现，"按惠顾额分配盈余"是合作社一直坚守的原则。这一原则源于罗虚戴尔合作社（消费合作社）的实践，"惠顾额"这种表述与合作社的服务性息息相关。消费合作社盛行的时期，合作社是为成员提供商品的组织，成员对合作社的贡献是通过成员与合作社的交易来实现的，由此产生了"惠顾额"的概念。"按惠顾额分配"有着两层内涵。一是按惠顾额分配意味着根据成员对合作社的贡献来分配。消费合作社中，成员在合作社的消费越多，则贡献越大；在生产合作社中，成员向合作社出售的商品越多，则贡献越大，按惠顾额分配盈余本身就是对成员的一种激励。二是按照惠顾额分配是一种公平的利润返还方式。在消费合作社中，成员惠顾合作社并按照市场价格付出了现金，成员购买商品的成本与售价之间的差价就是合作社的利润；在生产合作社中，成员出售给合作社的农产品的成本与合作社向市场出售这部分农产品的售价之间的差价是合作社的利润。这些利润根据成员与合作社交易的比例返还，即是成员作为合作社的所有者根据对合作社的贡献所应当享有的利润。

四、农民专业合作社与其他农村经济组织的区别

经济组织是根据一定的经济目标，集合各种资源的一种安排或治理结构模式。[1]我国农村常见的经济组织有乡镇企业、私人企业、农村集体经济组织、家庭农场、农民专业合作社、农业协会以及其他社团组织等。根据其组织形式主要可以分为合作制、集体制、公司制、个体制。每种经济组织都有其不同的特点，承担着不同的经济任务和社会任务。农民专业合作社作为互助型经济组织，与其他经济组织存在一定的区别。

（一）农民专业合作社与公司的区别

农民专业合作社和公司都是独立的法人，有独立的人格权、财产权，有能力作为独立的民事主体对外行使权利并承担责任。虽然农民专业合作社和公司都是从事经济活动的独立法人，但是两者的主体构成、目标、分配模式都是截然不同的。农民专业合作社是兼具人合性与资合性的经济组织，成员是合作社的所有者、使用者和

---

[1] 张卫东：《新制度经济学》（第2版），东北财经大学出版社2018年版，第42页。

受益者。其经营目标就是为成员服务,帮助成员实现经营收益的最大化,这一特征使得农民专业合作社采取了依据成员为合作社提供服务的数量或金额来进行盈余分配的模式。公司则不同,无论是有限责任公司,还是股份有限公司,都是由股东出资建立起来的资合性经济组织,其目的就是以资本换取最大的收益,并按照股东出资比例来进行盈余分配。

相较于公司,农民专业合作社的优势在于:首先,成立或加入农民专业合作社的成本很低。有限责任公司的股东须按公司章程要求按期足额缴纳出资,以实物、知识产权、土地使用权等非货币财产出资的需要将产权转移给公司法人;[1]农民专业合作社对出资的要求相对较低,也不要求实缴。其次,在农民专业合作社中成员无论出资多少都享有平等的投票权,这使得农户在合作社中能掌握更大的自主权。最后,加入农民专业合作社后,农户仍可以保持个体经营的独立性,可以根据自身需要选择性地利用合作社;而公司的经营行为都是以法人的名义进行的,股东只能根据出资额享有有限的权利。农民专业合作社的弱点则在于强调人合性而失去了资本的青睐,资本积累速度远低于公司,很多合作社在发展到一定阶段时利润的增幅就陷入停滞,有扩大再生产需求,但缺少资本的支持。美国新一代合作社为了解决这一问题发展了股份制合作社,允许一定程度的资本分红以满足合作社融资和扩大再生产需求,我国很多学者也提出应当允许资本分红来帮助合作社的发展。但是,在很多地区,农民土地本身估值不高,资本介入合作社的体量远大于农民的占股比例,这势必会导致合作社从劳动者控制资本的组织变为资本控制劳动力的企业,那么合作社对于小农经济的优势就不复存在了。

---

[1] 参见《中华人民共和国公司法》第47条和第49条。

(二) 农民专业合作社与农村集体经济组织的区别

改革开放后，我国农村形成了家庭联产承包责任制基础上统分结合的双层经营体制。所谓"统"指的就是农村集体经济。农村集体所有制实践中表现为以行政村或者村组为单位的土地、耕畜、农具等生产资料的所有权的集体共有，在这一所有权基础上形成的组织就被称为农村集体经济组织。农村集体经济组织是村集体资产的所有权主体，代表全体经济组织成员管理、使用、收益、处分集体资产。从合作基础的角度来看，农民专业合作社是基于成员自愿的联合，入社自愿，退社自由，成员既可以是农民，也可以是法人，具有很大的开放性。农村集体经济组织是基于其成员身份的联合，成员只能是该行政村或村组成员，以户籍取得成员身份，户籍丧失则其成员身份一般也会丧失。从经营目标来说，农民专业合作社的目标是帮助成员取得最大的经济收益，农村集体经济组织的目标则是为国家的目标服务，协调农村生产配合国家宏观调控计划。从产权角度来说，农民专业合作社的财产由成员的出资、公积金、国家资助和社会捐赠组成。农村集体经济组织则掌握集体所有的财产，包括依法享有的土地、山林、草原等资源的所有权，其财产权源于国家的授权。

在实践中，家庭联产承包责任制实施后，集体的土地大多以承包的形式发包给了村民，农村集体经济组织虽然在名义上享有农村土地的所有权，但占有、使用、收益等权利都属于承包户。农民专业合作社是完全独立的经济组织，可以自由地从事经营活动。

(三) 农民专业合作社与家庭农场的区别

我国农村从事农业生产的个体制经济组织中最具有代表性的是家庭农场。家庭农场是一种源于欧美的农业生产制度，2013年中央一号文件中首次提出，鼓励和支持承包土地向家庭农场流转，引导各项扶持政策向家庭农场等新型农业经营主体倾斜。原农业部农村经济体制与经营管理司负责人解释说："家庭农场是指以家庭成员为主要劳动力,从事农业规模化、集约化、商品化生产经营,并以农业收入为家庭主要收入来源的新型农业经营主体。"[1]2014年农业部出台了《关于促进家庭农场发展的指导意见》,各地也出台了相应的实施意见,细化了家庭农场的认定标准。例如,2015年湖南省发布的《湖南省人民政府办公厅关于加快培育发展家庭农场的意见》规定,家庭农场必须符合以下几个标准。一是"产业须符合当地区域经济发展整体规划,土地产出率、资源利用率、劳动生产率高于当地平均水平1/4以上"。二是"农业净收入占家庭总收益的80%以上","常年雇工数量不超过家庭务农人数"。三是"以种植业为主的,土地经营面积宜在150亩左右;以生猪养殖为主的,年存栏宜在500头左右;从事其他养殖或种养结合的,均应从实际出发,坚持适度规模"。四是"新流转的土地合同期限不少于7年;由大户改造为家庭农场的,剩余流转期限不少于5年;集中连片的面积原则上不低于经营面积的70%"。[2]

家庭农场是个体提高经营能力的一种形式,是体量小、专业化程度高的经济组织,成员限定为家庭成员,收入要求以农业为主,呈现一定的封闭性,成员限制也影响了其规模的扩大。农民专业合作社的成员不受限制,规模可以无限扩张,同时其经营的内容也可以包括种植养殖生产、加工、运输、销售等各种产业,具有极大的

---

[1] 董峻:《中央一号文件首提发展"家庭农场"》,载中国共产党新闻网2013年2月14日,http://theory.people.com.cn/n/2013/0214/c40531-20487104.html,最后访问时间2020年3月15日。

[2] 《湖南省人民政府办公厅关于加快培育发展家庭农场的意见》,载湖南省人民政府网2015年12月12日,http://www.hunan.gov.cn/xxgk/wjk/szfbgt/201512/t20151212_4825494.html,最后访问时间2020年3月15日。

开放性。农民专业合作社的群体互助式发展也具有家庭农场所没有的优势。朋文欢、黄祖辉（2017）的研究显示，家庭农业劳动力禀赋越丰富的农户越希望加入合作社，希望借助合作社的帮助解决生产经营中面临的问题。家庭农场和农民专业合作社是天然的合作伙伴，家庭农场成为成员能够提高农民专业合作社规模化效应，同时家庭农场也能够利用农民专业合作社的服务提升自身的发展水平。

第二节 农民专业合作社治理的制度基础

农民专业合作社是法律拟制的概念，其产生之初混同于各种农村经济组织中，形象较为模糊。随着农村经济和产业的发展，农民专业合作社的外延和内涵不断清晰，最终在《农民专业合作社法》出台之时被法律确定下来。《农民专业合作社法》出台后，各级立法机关和行政机关出台了相关的法规和规范性文件，对《农民专业合作社法》未尽之处进行了补强和完善，形成了农民专业合作社的法律体系和规范体系。

一、《农民专业合作社法》的立法背景

1950年刘少奇同志亲自主持拟定了《中华人民共和国合作社法（草案）》，这是新中国第一部关于合作社的立法，其中规定，"合作社是劳动人民自愿联合起来保护自己正当利益的经济组织，是具有

独立组织系统的人民团体之一",合作社的种类包括"城市消费合作社、农村供销合作社、农业生产信用合作社、城市和乡村民间工艺合作社以及经过省级以上联合社批准的特种合作社"。[1]由于当时的政治原因,这一部法律未能审议通过。1990年农业部颁布了《农民股份合作企业暂行规定》,之后陆续颁布了关于住宅合作社、专业合作社、信用社、供销社等合作社的管理办法或示范章程等,对当时市场上存在的各类合作社进行了规范。2002年修订的《中华人民共和国农业法》(以下简称《农业法》)中增加了关于农民专业合作经济组织的规定。该法第11条第1款和第2款规定:"国家鼓励农民在家庭承包经营的基础上自愿组成各类专业合作经济组织。农民专业合作经济组织应当坚持为成员服务的宗旨,按照加入自愿、退出自由、民主管理、盈余返还的原则,依法在其章程规定的范围内开展农业生产经营和服务活动。"《农业法》的修订开启了农民专业合作社法治化的序幕,2003年第十届全国人大常委会将《农民合作经济组织法》列入立法规划,次年的中央一号文件中提出"积极推进有关农民专业合作组织的立法工作"。经过三年的努力,2006年10月《农民专业合作社法》颁布,该法明确了农民专业合作社的法律定位、规范其运营方式、内部管理模式、集资分红方式等,为农民专业合作社提出了规范化的发展道路,也使得国家政策能够更准确地对符合国家要求的合作社提供有效帮助。2017年3月15日,第十二届全国人大第五次会议表决通过的《中华人民共和国民法总则》(以下简称《民法总则》)首次明确了农民专业合作社的"特别法人"的主体资格。2017年《农民专业合作社法》的修订更是进一步

---

[1] 参见1950年《中华人民共和国合作社法(草案)》第1条和第6条,载骆冠云、彭伊洛编著:《合作社经济基本知识》,华南人民出版社1952年版,第69页、第71页。

放宽了合作社的发展限制,取消了关于成员同质化的规定,增加了关于农民专业合作社联合社的章节,鼓励引导合作社进一步自我进化,科学发展。

二、《农民专业合作社法》的价值目标

关于法的价值的讨论由来已久,阿奎那认为:"人类的意志可以根据共同的同意使本身并不违反自然正义的任何事情而具有法律价值,这正是实在法的范围。"[1]规范社会行为本身涉及价值的取舍,作为社会规范集合的法律也有明确的价值导向。庞德认为:"法律发现这些利益迫切要求获得保障。它就把它们加以分类并或多或少地加以承认。它确定在什么样限度内要竭力保障这样被选定的一些利益,……它还为了下列目的而规定各种价值准则……为了判断在任何特定场合下怎样权衡对有效法律行为的各种实际限制。"[2]耶林进一步明确:"法律的目的是社会利益,法律是人类有意识地创造的以达到一定目的即社会利益的手段。"[3]在立法和法律实施的过程中,都需要考量法律最终要实现的目标为何,既从法益保护的角度去判断何种价值为该法希望保护的价值,将这些价值从宏观到微观反映在法律文本中,又应当依据立法中明示的价值取向来判断具体条款的适用情形和适用结果,确保法律的正确实施。

---

〔1〕 [意] 阿奎那:《阿奎那政治著作选》,马清槐译,商务印书馆 1997 年版,第 138 页。
〔2〕 [美] 罗斯科·庞德:《通过法律的社会控制》,沈宗灵译,商务印书馆 2010 年版,第 34 页。
〔3〕 严存生:《西方法律思想史》,中国法制出版社 2012 年版,第 278 页。

合作社是弱势群体自发组织而成的，其目标是改善成员的经济地位和社会地位。为实现这一目标，1995年ICA的合作社原则写道："自愿和开放的成员资格、民主的成员资格、成员的经济参与、自治与独立、教育、培训和告知、合作社之间的合作、关心社区。"[1]法律需要平衡合作社及成员的经济利益和社会的整体利益，判断哪些价值应当被法律保护，从而明确合作社的发展方向，确定合作社法的价值取向。从现行《农民专业合作社法》第1条可以看出，该法主要存在四个层次的价值目标。

第一层目的在于"规范农民专业合作社的组织和行为"，这是国家通过法律规范市场主体、维护市场经济秩序。一方面，立法需要规范合作社的基本组织规则；另一方面，立法需要规范合作社及成员的行为，从而使得农民专业合作社能够符合市场经济规则健康发展。第二层目的在于"鼓励、支持、引导农民专业合作社的发展"。《农民专业合作社法》不仅是规范法，而且是促进法，其目的不仅在于对农民专业合作社的组织和行为进行规范，而且需要通过各种扶持政策来促进合作社的发展，这既是满足小农的需求，也是实现国家乡村振兴战略的要求。第三层目的在于"保护农民专业合作社及其成员的合法权益"。农民专业合作社是以农民为主体的经济组织，其组成具有天生的基因缺陷，在市场竞争中往往处于弱势地位，组织及其成员的权益都容易受到侵害。法律对合作社及其成员进行保护，是对弱势群体的保护以及对社会利益的平衡。第四层目的在于"推进农业农村现代化"。这是发展农民专业合作社的终极目标，国家应势选择了农民专业合作社作为推进农业农村现代化的践行

---

[1] 吴彬：《合作社究竟是什么？——基于对国际合作社原则及其流变的重新解读》，载仝志辉主编：《农民合作社本质论争》，社会科学文献出版社2016年版，第56页。

者和先行者，对其的规范和保护最终都是为了实现农业农村现代化的目标。该法的实施以及相关配套法规、规章和规范性文件的制定和实施都需要根据以上四个层次的目的进行调整。2017 年在对 2007 年版《农业专业合作社法》进行修订时，将该法的规范目的提到了促进目的之前，这标志着《农民专业合作社法》实施的理念由过去的"促进优先"调整至"规范优先"，意味着过去较为宽松的法律实施环境将有所收紧，很多实践中未落实的条款应参照立法目的进一步落实。

三、农民专业合作社的法律体系

我国现行农民专业合作社的法律体系以《农民专业合作社法》为中心，国家层面有《农民专业合作社财务制度》《农民专业合作社会计制度》《农民专业合作社年度报告公示暂行办法》《农民专业合作社解散、破产清算时接受国家财政直接补助形成的财产处置暂行办法》等规范性文件。地方立法则有安徽、重庆等 8 个省级行政区制定的《农民专业合作社法》实施办法，以及青海、江苏等 9 个省级行政区以及太原市的农民专业合作社条例。[1] 从形式来说，从中央到地方、从法律到法规规章，我国形成了较为完整的农民专业合作社的法律体系，但国家层面的立法明显较少，而且滞后性明显，对于农民专业合作社制度的推进主要依靠国家政策性文件，地方关于《农民专业合作社法》的配套性法规不多，也缺乏一定的创新性。

---

[1] 统计时间截至 2023 年 12 月 10 日。

除了以上的专门性立法，农民专业合作社作为我国重要的市场主体，民商事主体相关的其他法律法规同样适用于其管理。2021年出台的《中华人民共和国市场主体登记管理条例》（以下简称《市场主体登记管理条例》）代替《农民专业合作社登记管理条例》，成为农民专业合作社登记管理领域的主要法律法规，也将农民专业合作社纳入普通市场主体的管理体系中；农民专业合作社的名称依据《企业名称登记管理规定》的要求执行。《中华人民共和国农产品质量安全法》将农民专业合作社作为生产技术服务的提供主体以及农产品质量安全控制主体，《农业法》《乡村振兴促进法》等其他涉农法律法规则主要将农民专业合作社作为重要的农村经营主体，鼓励和促进其发展。

四、农民专业合作社的规范化发展方向

从历年出台的规范性文件中，可以看出国家依法推进农民专业合作社制度发展的方向，总的来说可以分为以下四个阶段。

第一阶段是对农民专业合作社的财务进行规范化管理。2007年《农民专业合作社法》颁布实施后，行政管理部门要求当时在营的农民专业合作社依法登记，取得经营许可，并要求规范农民专业合作社的财务，以便缴税。2007年出台了《农民专业合作社财务会计制度（试行）》（2021年失效），其中规定财政部门对合作社的会计工作进行管理和监督，农村经营管理部门对合作社的会计工作进行指导和监督。这一文件出台后，各地出台了相应的规范性文件，指导当地农民专业合作社的财务管理。

第二阶段是对农民专业合作社内部运行进行规范化。《农民专业合作社法》实施后，农民专业合作社内部治理不合法、不规范问题依旧存在。2014年农业部联合多个部委局出台了《关于引导和促进农民合作社规范发展的意见》，从规范章程、依法注册登记、实行年报制度、明晰产权关系、完善组织机构、健全财务管理制度、建立成员账户和管理档案、收益分配公平合理、定期公开社务、坚持诚信经营、稳妥开展信用合作、推进信息化建设等角度全面规范农民专业合作社的外部经营和内部治理。示范社评定的开展也给各农民专业合作社树立了明确的目标。各地都相继出台了相关规范性文件，同时制定了本地的示范社评定标准。

第三阶段是农民专业合作社实行年报制度。2014年国务院颁布实施了《企业信息公示暂行条例》，要求原国家工商行政管理总局制定农民专业年报公示制度的相关规范。2015年原国家工商行政管理总局出台了《关于做好2015年度年报公示工作的通知》，对农民专业合作社的年报公示进行了具体规定，要求农民专业合作社按规定报送年报，对未报送年报的合作社进行排查，按规定注销或吊销营业执照，同时还要求省级工商行政管理部门定期对农民专业合作社的年报进行抽查。这一制度的提出使得行政管理部门对农民专业合作社的审查和监管具有主动性和周期性，并在加强对合作社行政管理的基础上为农民专业合作社引入了公众监督机制，公众可以通过查询农民专业合作社年报的方式了解该农民专业合作社的经营状况。

第四阶段是行业主管部门加强对"空壳社"的清理。近年来，国家不断加大对农民专业合作社的扶持力度。为防止不法分子利用农民专业合作社套取国家扶持资金，清理"空壳社"成为规范农民专业合作社发展的重要工作。2019年中央农村工作领导小组办公室等11个部委局出台了《开展农民专业合作社"空壳社"专项清理工作方案》，要求在2019年11月底之前按规定完成"空壳社"清理工作,同时要求建立长效监督机制,现行《农民专业合作社法》中也规定了针对"空壳社"的常规清理行动[1]。

第三节 农民专业合作社的功能探析

农村和农业生产领域有各式各样的经济组织,如乡镇企业、农技协会、家庭农场等。从农村各项经济组织的发展现状和前景来看,农民专业合作社显然不是经济效益最好的,也不是发展速度最快的,甚至不是存续状况最健康或最具发展前景的。但我国从家庭联产承包责任制实施以来,就不断地在"三农"政策文件中强调大力发展农村合作经济组织,国家财政也一直在加大对农民专业合作社的投入。在各种经济组织蓬勃发展的今天,大力扶持农民专业合作社显然不仅是考虑其经济收益,而且因为其具有更多元的功能。

一、经济发展功能

在家庭联产承包责任制的基础上,农民专业合作社对于农业生产资源有很好的整合性。首先,农民专业合作社能够形成生产销售的规模效应,其将独立小农的资金和生产资料联合起来,以群体力量提高个体的生产力和产出量,能够使合作社以产品规模占有市场,

---

[1]《农民专业合作社法》第71条规定:"农民专业合作社连续两年未从事经营活动的,吊销其营业执照。"

成为有竞争力的市场主体。例如，由种植户组成的种植合作社，每位成员都有承包地，可以独立从事生产，加入合作社后还可以享受合作社的各项服务，如共享种植技术、统一雇佣劳动力、统一购买生产资料、统一销售产品等。其次，农民专业合作社能够纵向整合产业链。合作社成员可以是自然人，也可以是法人，经营范围可以覆盖从生产、加工、运输到销售及服务的全过程，形成一套完整的产业链。例如，柑橘种植合作社成员有柑橘种植户、水果罐头加工厂和公司，由公司提供良种和种植技术，指导柑橘种植户标准化种植，统一收购产品到罐头加工厂加工，最终由公司贴牌销售，形成了从原料种植到加工销售的完整产业链。最后，农民专业合作社能够为成员提供生产各个环节的全方位服务，降低生产成本，统一生产标准，提高生产效率；还能减少市场交易的次数、降低经营风险和交易成本，为市场主体带来远超其组织与运行成本的收益。[1]同时，有助于延长成员的增收链条，使得所有成员可以分享从原料生产端到市场终端销售全过程产品的利润。

农民专业合作社是具有地域性特征的经济组织，非常适合乡村"一村一品"的特色产业发展。首先，农民专业合作社的规模效应具有带动作用，其有明确的发展目标和产业规划，利用产业集中区域内的土地和劳动力等生产经营要素，带动周边农户种植同类型产品，提高专业化、标准化和市场化水平，有利于地方特色产品的推广和特别品牌的建立。其次，农民专业合作社有助于降低农户直接进入市场的风险和不确定性。市场存在失灵的可能性，单靠市场和企业来配置资源有一定的漏洞，小生产者与市场的对接以及特殊产业与

---

[1] 张永兵：《农民专业合作社财产制度研究》，武汉大学出版社2017年版，第18页。

市场的对接，需要交易成本更低、经济效率更高、具有一定规模的组织来进行。成熟的农民专业合作社对于市场的把控能力要远高于农户，它们能够预测市场风险，提前准备应对风险的措施，如建立稳定的销售渠道，投资相应的设备对产品进行加工或保鲜，致力产品的提质增效，从而最大限度地降低市场变化对合作社利润的影响。最后，农民专业合作社能够实现合法的市场垄断。合作社是重要的农业产业发展商事主体，但农业产业周期长、经济效能低的特点，以及合作社人合性本质特征导致合作社在市场中一直处于弱势地位。基于此，各国都出台了相应的政策对合作社进行支持和帮助，其中最重要的一点就是允许合作社实行合法的产业垄断。现行《中华人民共和国反垄断法》第69条规定："农业生产者及农村经济组织在农产品生产、加工、销售、运输、储存等经营活动中实施的联合或者协同行为，不适用本法。"这意味着我国法律允许农民专业合作社这样的经济组织进行较大范围的联合和生产经营活动，这对于扩大合作社组织、提高农业产业生产经营效率具有重要的作用。

二、土地保障功能

农民专业合作社是建立在家庭联产承包责任制基础上的合作经济组织，其与农村土地有着密切的联系。我国家庭联产承包责任制实行后，土地产权逐渐明晰化、稳定化。1984年的中央一号文件提出，我国土地承包制度以"大稳定、小调整"为原则，土地承包期一般应在15年以上。1993年中共中央、国务院发布的《关于当前农业和农村经济发展的若干政策措施》中再次提出，土地承包期在第一轮期限届满后再延长30年，承包期内"增人不增地、减人不减地"。2013年中央一号文件要求全面开展农村土地确权登记工作，并给已确权地块颁发农村土地承包经营权证，明确地块的位置、面积以及权属问题。2017年党的十九大报告中再次提出，"第二轮土地承包到期后再延长三十年"。通过三轮土地承包期的延长，我国土地的承包经营权基本稳定在承包户手中。

从1984年中央一号文件开始，我国政策一直在鼓励农地集约化经营。2001年《中共中央关于做好农户承包地使用权流转工作的通知》提出，允许土地使用权合理流转，并提倡发展多种形式的土地适度规模经营。在此之后，国家不断规范农村土地承包经营权的转让，于2002年颁布《中华人民共和国农村土地承包法》（以下简称《农村土地承包法》）、2005年颁布《农村土地承包经营权流转管理办法》，以立法形式规范了农村土地流转的程序和制度。土地流转在客观上促进了农业生产力的发展，但是也导致很多农民在实质上失去了土地。例如，在湖南、广西一带的南岭丘陵地区，人均耕地面积大约只有1—2亩，山区土地较为零散，流转价格也很低，为100—300元/亩，流转期限一般为30年，流转款一次性付清。30年的期限使得土地原承包人丧失了对土地的经营权，承包款一次性付清，没有任何增值收益，对于原承包人而言无异于以很低的对价失去了土地的使用权和收益权。"三农"专家温铁军曾在多个场合表示，农民失去土地就失去了最大的保障，在市场经济出现动荡时这些在外务工的失地农民很可能成为彻底失业者，对社会稳定造成不利影响。

农民专业合作社恰好是既可以完成土地的集约化，又无须土地流转致使农民失地的经济组织。愿意自己经营土地的农户可以在加入合作社后，根据合作社需要进行生产；不愿意经营土地的农户可以将土地作价入股合作社，根据合作社章程的约定获得分红收益。

当农户希望重新耕种自己的土地时，可以依据合作社章程或者约定回到合作社耕种自己的土地；或者可以根据"退社自由"原则，依法退出合作社，重新自主生产经营。总的来说，合作社可以在保持土地承包关系稳定的基础上，实现农业的集约化经营，农民可以通过多种形式获得收益，为农民提供了稳定的保障。

三、资源整合功能

村自古以来就是我国最基础的准行政组织，在国家治理和社会自治的边缘，担任着搭建民众和国家之间沟通桥梁的重要任务。我国农村社会是以血缘和地缘为纽带自然形成的，以自然村为基本单元，自然村里有一个或几个家族，人与人之间大多有亲缘或者血缘关系，人口流动量小，人与人之间关系密切。著名社会学家费孝通先生用"差序格局"来形容农村熟人社会中的人际关系。

出于行政管理需要，2004年中央一号文件提出"积极稳妥地调整乡镇建制，有条件的可实行并村"，各地陆续实施并村计划。首先将过去人口少、规模小的自然村逐渐合并变成行政村，再进一步将数量繁多的行政村合并，减少行政村数量。合并之后的行政村由多个自然村组成，原自然村变为现在的村小组，村小组内部仍是相对稳定的熟人社会，组与组之间则是半熟人社会，人际关系不一定密切。近年来，随着农村外出务工人员的增加，农村人口流动性增大，农村呈现原子化态势，熟人社会逐渐向陌生人社会发展。农村社会的异质化程度越来越高，社会分化也愈发地明显。社会整合能力无法跟上社会分化的速度就很容易出现社会的失衡、断层和失序，引发诸多社会矛盾。因此，社会中更需要负担整合功能的组织对各种分化进行修复。

相较于村委会、集体经济组织和其他村民自组织而言，农民专业合作社在社会整合方面具有其他组织所没有的优势。其一，合作社是由具有共同目标的成员自愿形成的组织，与其他根据行政命令组成的组织相比具有更好的内聚力，共同的需求和共同的目标使得合作社的成员之间在精神层面有更强的联结，在日常生产中也能够互相助力，共同发展。其二，合作社成员之间的联系以利益作为纽带，相较于出于其他意愿组成的组织，经济纽带往往更加稳固。每位成员对于自己的出资更具有责任心，对自己的盈利也更为关注，利益共享、风险共担使得成员之间的联结更加紧密，关系也稳定。更重要的是，利益共享有助于平衡成员在经济能力上的差异，一定程度上弥合农村社会分层的鸿沟，缓解社会矛盾。其三，合作社是具有明确法人地位的独立组织，这使得合作社在人格和财产上具有一定的独立性，能够独立对外承担责任和风险。以法人的名义对外进行经营活动，其背后的自然人，也就是参与合作社的农户所面对的风险更小，这对于我国农村社会的稳定也有重要帮助。其四，合作社内部实行民主管理，给予每一位成员表达意愿的空间和渠道，有利于群体意见的收集和整合。其五，合作社的组织架构、运营方式、盈利分配等由《农民专业合作社法》进行规范，法定的组织框架更科学、更有效率，同时也充分保障了每位成员的权利。

四、社会治理功能

近年来行政村的合并对村民自治提出了新的挑战。我国农村实行乡村两级行政管理制度，乡一级是我国基层人民政府，村一级是基层群众自治组织。现行《中华人民共和国村民委员会组织法》明确规定"村民委员会是村民自我管理、自我教育、自我服务的基层群众性自治组织",负责办理村公共事务、公益事业,支持和组织村经济事业的发展,维护社会治安,调解纠纷,帮助政府与群众沟通。村党支部是农村基层政党组织,职能是领导本地区工作,支持和保障村民自治制度的运行。我国农村的公共事务在乡政府的指导下由村支两委具体负责,行政村的范围越来越大使得实质上的村民自治难以实现。近年来很多学者提出了基层民主治理单元下沉到村组的呼吁,农民专业合作社为村组自治提供了组织范例。

合作社从我国近代出现以来就从未被简单看作一个经济组织。民国时期华洋义赈会合作指导员于树德认为,合作社不仅可以帮助弱者自助,还可以训练成员的团体生活能力,为未来社会改造提供基础。南京国民政府希望借助合作社来稳定基层的统治秩序[1]。中华人民共和国成立后,合作社在基层社会动员中也发挥着重要的作用。总的来说,合作社从来就不只是一个经济组织,它还具备一定的政治功能。现阶段,我国各地农村都存在村民对村公共事务参与度低、参与积极性差等问题,很多农民都觉得个人的意见对村务的影响有限,常常有"说了也没用,他们(村委会)不管"之类的抱怨。有的村组与行政村的关系较远,发展不受行政村重视,公共事务难以开展。这些都反映了我国农村基层组织化程度不够高、农民缺少群体代表的问题。

农民专业合作社恰好能够解决农村基层社会组织化程度不高的问题,其由农民群体自愿组织产生,服务于特定农民群体,代表着

---

[1] 王曙光、王丹莉:《维新中国:中华人民共和国经济史论》,商务印书馆2019年版,第97页。

这个群体的利益。内部实行民主管理原则，体现为合作社的决策权属于成员（代表）大会，成员享有基本平等的投票表决权，对于合作社的各项事务实行多数决原则。农民专业合作社的内部管理制度受《农民专业合作社法》约束，其规则和效力都与村民自治制度相似。因此，农民合作社组织可以作为一个社会组织单元参与到村民自治和乡村治理的各项事务中。例如，以整个村组为单位成立农民专业合作社，村组的所有农户都是合作社的成员，这样的农民专业合作社不仅可以是村组产业发展组织，也可以是村组的公共事务管理组织。

五、公共服务功能

农民专业合作社是一种互助经济组织，本质在于"人人为我，我为人人"。在互助机制下，合作社成员因助己与助人而建构成具有道德意蕴的较为稳定的利益关系。英国罗虚戴尔公平先锋宪章中指出，建立该协会的目的是增强其成员的经济利益，改善其成员的社会地位，实现公平和民主的价值观。[1]合作社从出现至今一直是世界各国改善穷人经济、社会和文化条件以及消除贫困的重要途径。日本农协在为成员提供公共服务方面作出了很好的样本。其一，日本农协通过集体采购的方式为成员提供生鲜食品、消费品、日用保健品等生活资料，在全国范围内开设店铺。其二，日本农协为成员提供"协同组合医疗"服务，建立医院、诊疗所、疗养所、健康诊

---

[1] 屈茂辉、蒋学跃、王泽功：《合作社法律制度研究》，中国工商出版社2007年版，第62页。

断中心等机构,为农村人口提供医疗服务。其三,日本农协建立农协互助保险,为成员遭遇的天灾人祸、生活困难等各种意外提供保险服务。其四,日本农协还组织各种文体活动,丰富农村的生活。[1]

我国的各种合作社还未形成系统化的合作社体系,但是不同类型的合作社都在自己的领域中为农民提供公共服务。农民专业合作社主要在农业生产方面为成员提供服务,例如,生产资料统一购买,产品统一运输、销售。除此之外,农民专业合作社还为成员提供技术培训服务,这种培训可以扩大到其他文化教育领域,为成员提供其他通识教育、专业培训等。新型农村合作医疗保险(以下简称新农合)是建立在群众自愿互助基础上的一种医疗保险制度,主要为农民的医疗提供资金的支持。供销合作社则是我国重要的综合性合作社组织,负责对重要的农业生产资料、农副产品进行组织、协调和管理[2]。总的来说,合作社具有社会保障属性,其有能力也有义务在其经营范围中为成员提供有效的公共服务。

六、文化发展功能

2017年修订《农民专业合作社法》时在第3条"农民专业合作社的经营范围"中增加了"农村民间工艺及制品、休闲农业和乡村旅游资源的开发",这使得农民专业合作社的文化发展功能凸显出来。

---

[1] 赵桂芳:《论日本农业协同组合的作用及其发展变化》,载《日本研究》1990年第4期。

[2] 参见《中央编办关于中华全国供销合作总社主要职责和内设机构调整等问题的批复》。

农村民间工艺品背后承载的不仅仅是手工技艺，更是村落文化、族群文化。我国农村地区蕴藏着大量非物质文化遗产，这些非物质文化遗产通过成员的巧手慧心反映在布匹、木头、陶土等各种物质上，变成兼具实用价值、审美价值和文化价值的工艺品。例如，苗族的刺绣是一种非常古老的技艺，有平绣、辫绣、打籽绣等20多种绣法，苗绣的图案不仅是美丽的工艺品，也是其历史文化的载体。苗族人将本民族的神话传说、历史故事全部编译成图案，绣在服饰上，一套苗服就是一部苗族的史书。湖南江永县流传着一种"女书"，是当地女性独创独享的文字纹饰，绣在各种服饰和织物上，互相赠送，具有传递信息的作用。民间工艺合作社肩负着传承这些非物质文化遗产的功能，其不断吸引更多的成员加入合作社共同劳动，成员在合作社中学习、应用、传承、发展着这些技艺，更深刻地体会其背后的文化内涵，技艺承载着文化在应用中得到传承和发扬。

乡村旅游的兴起为乡村文化展示和宣传提供了很好的渠道。各地风俗习惯不同，独具特色的节庆仪式、宗教祭祀活动等都是非常独特的旅游吸引物。乡村旅游合作社的成立为农民自主发展乡村旅游提供了组织基础，为体现旅游目的地的独特性，村民们对本地的文化进行发掘、整理和演绎，将平日里很少使用，甚至即将失传的歌舞、仪式等重新展示出来，让更多的人了解，这也使得很多文化传统被重新唤醒，焕发生机。

第二章
农民专业合作社治理的法律规范检视

法律是治国之重器,良法是善治之前提。《农民专业合作社法》作为规范和促进我国农民专业合作社发展的基本法,是一部重要的涉农法,也是一部重要的经济法。它填补了我国农村市场主体制度法律的空白,健全和完善了我国社会主义市场经济法律制度。

农民专业合作社的法律规范主要由四大制度组成。一是法人制度,包括其法人的性质,法人身份的取得、变迁和消灭,法人的财产权以及法律责任;二是成员制度,包括成员身份的取得,成员的权利、义务和责任;三是内部治理制度,包括合作社的组织构架、运营模式以及监督机制等;四是盈余分配制度,主要包括盈余的计算以及分配的具体程序。这四大制度规范了农民专业合作社从"生"到"死"、由"内"到"外"的运行程序和权利义务关系。与其他市场主体的法律规范不同,《农民专业合作社法》除规范农民专业合作社及其成员的权利义务关系外,还规定了相关行政机关指导、扶持、监管农民专业合作社的义务和责任,这体现了国家鼓励农民专业合作社发展的精神,也为农民专业合作社的扶持政策提供了稳定的法律依据。下文结合我国农民专业合作社的实际情况对《农民专业合作社法》的各项制度以及相关法律法规、规章和规范性文件的规定进行检视,分析规范的内在逻辑及其实施的情况。

第一节 农民专业合作社法人制度

合作社具有法人资格在各国合作社立法领域已经形成了基本共识。德国、美国、日本等国家关于合作社的立法中都通过直接规定或是权利列举的方式赋予了合作社法律人格。例如,英国的《1956年工业和互济会法》(*The Industrial and Provident Societies Act 1965*)规定,合作社登记后为法人团体(a body corporate),可起诉、应诉。美国马萨诸塞州1866年的合作社法规定,合作社以法人身份参与法律诉讼。《德国工商业与经济合作社法》规定,合作社具有独立的权利和义务,可获得土地所有权和其他物权,在法院起诉和应诉。日本的每一类协同组合都有专门法,其中都明确了各类协同组合和协同联合会都是法人。我国20世纪90年代开始出台的关于合作社的规范性文件、地方性法规以及2006年出台的《农民专业合作社法》中都明文规定了农民专业合作社的法人地位,同时还规定了法人的登记、分立、合并、注销等程序以及法人的权利、义务和责任。

一、农民专业合作社法人界定

关于合作社的法人界定,在《中华人民共和国民法典》(以下简称《民法典》)出台之前一直有争议。《中华人民共和国民法通则》(以下简称《民法通则》)法人章节设置分为企业法人,机关、事业单位和社会团体法人,以及联营法人。有学者认为,原《民法通则》的法人章节设置为我国的法人分类,即"企业法人"和"机关、事业单位和社会团体法人"[1],也可分为"企业法人""机关法人""事业单位法人"和"社会团体法人"。[2]有学者根据大陆法系法人分类的基本原理将法人分为"企业法人"和"非企业法人"。[3]这些分类方式都无法当然地给予合作社一个确定的法人定位。一种观点认为合作社是社团法人,依据是我国20世纪90年代出台的一系列关于管理城镇住宅合作社、消费合作社的规范性文件,其中规定住宅合作社是"不以盈利为目的的公益性合作经济组织,具有法人资格"。[4]消费合作社是"促进职工消费合作社事业的健康发展,不以营利为目的的社会团体"。[5]从这些规定中可以看出,住宅合作

---

[1] 王利民、郭明瑞、方流芳:《民法新论》,中国政法大学出版社1988年版,第234页。

[2] 渠涛:《中国社会团体法律环境与民法法人制度立法》,载《中日民商法研究》(第二卷),法律出版社2004年版,第55页。

[3] 江平主编:《法人制度论》,中国政法大学出版社1994年版,第62页。

[4] 参见1992年国务院住房制度改革领导小组、建设部、国家税务总局发布的《城镇住宅合作社管理暂行办法》。

[5] 参见1997年《民政部办公厅关于对职工消费合作社及职工消费合作社协会登记问题的答复意见》(已失效)。

第二章 农民专业合作社治理的法律规范检视

社、消费合作社是非营利性的社会组织,其法人性质更接近于社会团体,即自愿组成为实现会员共同意愿的非营利性社会组织。[1] 另一种观点则认为合作社是企业。徐旭初通过分析我国第一部农民合作经济组织专门法规《浙江省农民专业合作社条例》认为,该条例中规定合作社是法人,并要求在县级以上工商行政管理部门登记,这就使得实践中合作社只能被登记为企业法人。而且条例中规定了成员认购股金的各项限制,使得合作社更倾向于也更适合向以营利为目的的企业法人方向发展。[2] 还有一种观点认为合作社可以根据其实际运行情况来定位。合作社是自治组织,无论是以有限责任性质合作社、股份合作社等法人形式存在,还是以合伙组织、合作社分社等非法人组织形式存在,都应尊重合作社全体成员意见。[3] 也可以直接以其成立的实际形态对其进行性质判断,符合法人性质的是法人型合作社,不符合法人性质的是非法人型合作社。[4]

正是由于各种学术观点、法规、规范性文件与实践经验的观点不一,在 2006 年制定合作社法时出现过两种立法方向。一是认为应当制定统一的《农民合作社法》,按照 ICA 的规定,对合作社的本质和原则进行探讨,以理想的合作社形式制定法律,规范我国所有的合作社。二是认为应仅就新型农民专业合作社制定法律,考虑到我国合作社发展曾经历过计划经济时代的生产合作社、供销合作社和信用合作社三大合作社阶段,以及建立在家庭联产承包责任制基础上的新型农民专业合作社阶段,当时合作社呈现出社团、企业等多

---

[1] 参见《社会团体登记管理条例》。
[2] 徐旭初:《农民专业合作组织立法的制度导向辨析——以〈浙江省农民专业合作社条例〉为例》,载《中国农村经济》2005 年第 6 期。
[3] 谭启平:《论合作社的法律地位》,载《现代法学》2005 年第 4 期。
[4] 李长健、冯果:《我国农民合作经济组织立法若干问题研究(上)》,载《法学评论》2005 年第 4 期。

种倾向，将其统一起来有一定的困难，因此建议对当前的合作社进行分类立法，避开信用合作社和供销合作社的问题，将农民专业合作社作为一种专门合作社单独立法。[1]我国立法采取了第二种观点，这才有了2006年出台的《农民专业合作社法》。该法规定，农民专业合作社是"在农村家庭承包经营基础上，农产品的生产经营者或者农业生产经营服务的提供者、利用者，自愿联合、民主管理的互助性经济组织"，依法登记后具备法人资格。[2]《农民专业合作社法》的出台依旧没有给农民专业合作社明确法人类型，但对其具体的权利、义务、责任、组织形式等进行了规定，满足了合作社经营和发展的基本法律需要。

2017年《民法总则》的出台为合作社法人提供了明确的定位。根据《民法总则》[3]的规定，法人被分为营利法人、非营利法人和特别法人。营利法人是"以取得利润并分配给股东等出资人为目的成立的法人"；非营利法人是"为公益目的或者其他非营利目的成立，不向出资人、设立人或者会员分配所取得利润的法人"；"机关法人、农村集体经济组织法人、城镇农村的合作经济组织法人、基层群众性自治组织法人，为特别法人"。[4]特别法人的出现解决了农民专业合作社兼具"不以营利为目的"和"盈余返还"的特性而在营利法人和非营利法人之间的摇摆，以及兼具人合属性和资合属性而居于财团法人和社团法人之间的两难，其法人定位明确的同时能够保有多重特征，为其今后的发展留下了足够的空间。

---

[1] 参见刘登高：《农民合作社立法面临的几个现实问题》，载《农民经营管理》2005年第11期。

[2] 参见现行《农民专业合作社法》第2条和第5条。

[3] 2021年1月1日起失效，同时生效的《民法典》对该问题的规定与《民法总则》相同。

[4] 参见《民法总则》第76条、第87条和第96条。

二、农民专业合作社法人的设立、分立、解散程序

法人是法律拟制的概念,其"出生"和"死亡"都有法定的程序,依法进行登记设立的组织才能取得法人资格,依法经过清算注销的法人才能够宣布"死亡",其分立、合并都需依法定程序进行。

(一)设立程序

合作社设立是合作社从发起到正式成立的过程,登记是合作社法人正式成立的重要标志,合作社经过注册设立登记取得法人资格,标志着合作社设立的完成。《农民专业合作社法》规定,农民专业合作社一经登记即成为法人,登记需依法在工商行政管理部门登记,领取营业执照,取得法人资格。合作社经过合法登记后才是合格的法人,在法律规定和营业执照确认的业务范围内从事民商事活动。[1] 发起农民专业合作社时需要完成发展成员、召开设立大会、起草章程等步骤:满足农民专业合作社设立的成员条件,即有 5 个以上成员,农民成员占比 80%,成员 20 人以下的可以有一个企事业单位或社会组织成员,成员 20 人以上的企事业单位或社会组织成员不超过成员总数的 5%[2];有符合法律规定的章程、组织机构、名称、章程规定的住所和有符合章程规定的成员出资的团体才能够进入合作社登记环节。农民专业合作社登记时需向工商行政管理部门提交登记申请书、设立大会纪要、章程、法人代表资料、详细的出资清单、成员名册、全体设立人指定或委托代表证明等文件。

---

[1] 参见现行《农民专业合作社法》第 5 条。
[2] 参见现行《农民专业合作社法》第 20 条。

根据2014年修订的《农民专业合作社登记管理条例》（2022年3月1日起失效）的规定，农民专业合作社登记时主要审查合作社的两部分资质：一是对外资质，即法人对外的形象和能力，包括名称、住所、成员、注册资金、经营范围等；二是对内资质，即带所有设立人签章的设立大会纪要、章程、出资目录等。这些审核从形式上确保了合作社对外是合法、适格、具有从事相关行业资质的市场主体，对内是经成员民主决策一致产生的合作经济组织。

2021年《市场主体登记管理条例》将各类公司、个体工商户、农民专业合作社（联合社）等自然人、法人及非法人组织的登记管理问题统一起来。值得注意的是，原《农民专业合作社登记管理条例》规定的农民专业合作社的名称应当依次由"行政区划＋字号＋行业＋专业合作社"组成，在2021年出台的《市场主体登记管理条例》中被删除了。这意味着此后注册的农民专业合作社不再要求从名称上宣示其性质，模糊了农民专业合作社和其他合作社的界限，这也在一定程度上解决了现阶段一些股份合作社、经济合作社的身份登记与名称不符的问题。

（二）分立与合并

法人的分立和合并是法人组织上的变更，意味着原法人的消失和新法人的成立。在这个过程中，原法人的财产和债务以及成员都要进行重组，由新的法人享有和承担，法人合并后的各方债权债务应由合并后存续或新设的组织承继。

在对外责任承担方面，法人的分立和合并都必须保持对债权人承担责任的稳定性。依据现行《农民专业合作社法》第5条规定，合作社法人以其"成员出资、公积金、国家财政直接补助、他人捐赠以及合法取得的其他资产所形成的财产"对外承担债务责任。在合作社分立、合并时，参与该程序的合作社法人都必须稳定地对外承担原有的债务责任，合并后的合作社对合并前合作社的所有债务承担责任；除另有约定外，分立后的农民专业合作社对分立前合作社的债务承担连带责任。合作社分立、合并前须提前 10 日通知债权人，以保障债权人的知情权。

在对内承担责任方面，合作社法人的分立和合并须保障每一位成员的权益，绝大多数成员的同意是合作社分立和合并的前提。根据现行《农民专业合作社法》的规定，合作社法人分立、合并的决定由成员（代表）大会作出，须得到本社成员表决权总数的三分之二以上通过。在同意合并或分立的基础上，财产分配是自治的范畴，合作社可以通过合同方式自行约定。一般来说，农民专业合作社分立相对简单，因为合作社内部产权较为明晰，成员在合作社有其个人账户，合作社分立时根据成员的分配情况将其个人账户资产移动到新的合作社，原合作社财产按比例进行拆分即可。农民专业合作社的合并相对复杂，由于各个合作社的资产内容、大小都不相同，合并时涉及占比问题，这部分应根据市场情况由合作社自行商议决定。

除设立登记外，合作社的名称、住所、成员出资总额、法人代表发生变更的，需要在作出变更之日起 30 日内到原登记机关进行变更登记。业务变更如涉及需报国家有关部门审批的，则自批准之日起 30 日内到原登记机关进行变更登记。

农民专业合作社的分立和合并还涉及成员占比问题。现行《农民专业合作社法》规定，"农民专业合作社的成员中，农民至少应当占成员总数的百分之八十"。原《农民专业合作社登记管理条例》要求，农民专业合作社因成员发生变更，使农民成员低于法定比例的，应当自事由发生之日起 6 个月内采取吸收新的农民成员入社等方式使农民成员达到法定比例。如果未达到，有被吊销营业执照的风险。

新出台的《中华人民共和国市场主体登记管理条例实施细则》在《农民专业合作社登记管理条例》规定的基础上新增了成员退出导致农民社员不足也需 6 个月内补足的规定，但未再延续农民专业合作社农民成员不足的法律责任要求，也就是说新法出台后，农民专业合作社农民成员不足的法律责任变得不明确。

（三）歇业、解散与清算

合作社解散是合作社因出现法定或合作社章程约定的解散事由，通过清算程序终止法人生命的情形。合作社解散分为主动解散和被动解散两种。主动解散的原因包括出现章程规定的解散事由或成员大会决议解散。被动解散的原因包括合并或分立需要解散以及依法被吊销营业执照或被撤销。依据现行《农民专业合作社法》的规定，主动解散需经过全体成员的三分之二同意，但依法被吊销执照或被撤销的合作社，法人资格自合法决定作出时终止。

现行《农民专业合作社法》第 48 条规定，除合并和分立外，其他事由导致的合作社解散，自解散事由出现起 15 天内开始清算。清算由成员大会推举的清算组负责。如果未按时组成清算组，成员或债权人可以向法院申请指定成员组成清算组进行清算。值得注意的是，由于合作社是弱势群体的联合，具有一定的社会保障功能，所以破产清算时，在清偿破产费用和共益债务后，国家法律优先保障成员的利益，清偿自然人成员与合作社交易未结算费用。国家给予合作社的财政直补在破产清算时不得作为可分配的剩余资产分配给成员。

合作社解散时需注销登记，注销登记时要向原登记机关提交注销登记申请书、具有法定效力的解散决议、经过法定程序产生的清算报告、营业执照以及清算组成员名单或委托代理人证明。经登记机关注销则合作社终止。但很多农民合作社由于法律意识不强，在停止经营后,不会申请注销,有的即便是被依法吊销营业执照,也不会依法注销,这也是许多"空壳社"存在的主要原因。

《市场主体登记管理条例》中新增的歇业制度,给了农民专业合作社一个经营的缓冲期。根据该条例规定,因自然灾害、事故灾难、公共卫生事件、社会安全事件等原因造成经营困难的,市场主体可以自主决定在一定时期内歇业,歇业期最长不超过 3 年。市场主体应当在歇业前向登记机关办理备案,如果歇业期开始营业活动则视为自动恢复经营。

三、农民专业合作社法人的财产权

法人财产是由法人独立享有、独立核算、自负盈亏的财产,法人依其财产享有权利、承担义务。农民专业合作社是拥有独立财产的法人组织。根据现行《农民专业合作社法》第 5 条的规定,合作社法人财产由"成员出资、公积金、国家财政直接补助、他人捐赠以及合法取得的其他资产所形成的财产"组成。其可以分为三个部分:一是法人设立时的财产,也就是合作社发起人和成员的出资;二是法人成立后经营所得的财产,即合作社盈余中提取的公积金;三是财政扶持和他人捐赠,包括国家的直接补助,其他人或组织的捐赠等。农民专业合作社对其财产与其他民事主体一样,依法享有占有、使用、收益和处分等权利。

(一)成员出资

农民专业合作社成员可以用货币出资,也可以用实物或物权等其他非货币财产作价出资。非货币财产出资要求是可依法转让的类型,如实物、知识产权、土地经营权、林权等,但不得以劳务、信用、自然人姓名、商誉、特许经营权或者设定担保的财产等作价出资。成员出资后，农民专业合作社应为每位成员设立个人账户，详细记载成员个人的出资额、公积金份额、与合作社的交易量（额）、国家直补以及他人捐赠财产的份额。法律并未规定成员对于合作社的出资必须按时实缴，通过实物、物权等非货币财产出资的，须能够用货币估价并可以依法转让，但并不要求实际转让，这些内容可由合作社章程规定。最终成员的出资会量化为成员账户中的数字和股权占比。

（二）公积金

公积金是农民专业合作社从每年的盈余中提取出来用于弥补亏损、扩大再生产的部分，提取时须量化为成员个人账户中的份额。关于公积金的提取，有的国家规定了法定提取比例，如《芬兰合作社法》第33、34条规定，合作社的公积金不少于1.5万芬兰马克，在准备金未达到规定的标准前，在扣除上一财务年度的亏损后，应将不少于年金盈余的5%作准备金。[1]《瑞典债法典》规定公积金的提取应当是当年利润的1/20，提取年度应该持续至少20年。《意大利合作社法》规定公积金应为纯利润的1/5。[2]我国法律规定了应当提取公积金，但未规定公积金的提取比例，由成员（代表）大会决议，这是我国农民专业合作社民主管理、高度自治的重要体现。

（三）其他法人财产

国家财政直补、他人捐赠须平均量化到成员份额，但在合作社破产清算时不允许将国家财政直补作为可分配的剩余资产分配给成

---

[1] 管爱国、符纯华译著：《现代世界合作社经济》，中国农业出版社2000年版，第167页。

[2] 张德峰：《合作社社员权论》，法律出版社2016年版，第33页。

员。因此，有学者认为国家直接补助的所有权仍然归国家，合作社只享有这笔财产的占有、使用、收益权[1]，也就是说，这部分财产只能由合作社持有、管护，用于合作社的经营和发展。成员也只是享有该笔款项在个人账户中的份额和因份额获得的投票权，无法将其提取成为个人收益。成员退社后，该成员账户中的财政直补份额可以重新分配给全体成员。

四、农民专业合作社法人的有限责任

公司法人股东一般情况下仅以其出资对外承担有限责任。但法人领域有法人人格否认制度，即"在具体法律关系中，基于特定事由，否认法人的独立人格，而要求法人成员对法人的债务或行为承担个人责任"。[2]《民法典》规定，法定代表人以法人名义从事民事活动的法律后果由法人承担，造成他人损害的由法人赔偿，法人承担责任后可依据法律或章程向法人代表追偿。《中华人民共和国公司法》第21条规定，股东不得以法人名义滥用权利损害其他股东、债权人的利益，否则由股东对外承担连带责任。也就是说，公司法人在特定情况下可以通过否认法人独立人格的方式来要求股东对外承担连带责任，同时法人内部的其他股东也可以向有过错的股东进行追偿。德国的合作社法规定"团体债务由社员承担无限责任"，日本学者我妻荣也认为无限责任合作社的合伙人须对合作社的债务承担

---

[1] 参见胡苗忠主编：《农民专业合作社会计实务》，浙江工商大学出版社2014年版，第78页。
[2] 冉克平：《民法教程：民法总论·物权法》，广西师范大学出版社2016年版，第87页。

无限连带责任。[1]但是在我国，为了保护脆弱小农，鼓励其合作经营的积极性，现行《农民专业合作社法》规定，合作社法人以法人财产对外承担责任，清算时如法人财产不足以清偿债务即可向法院申请破产，并且没有关于农民专业合作社法人人格否认的相关规定。也就是说，合作社成员仅以出资额和公积金份额对外承担责任，合作社法人财产无法清偿债务时不追溯到合作社理事长或成员，除非理事长、理事和管理人员侵害合作社的资产、损害合作社的利益，给合作社造成损失，由侵权人承担赔偿责任。[2]另外，在合作社清算时，法人财产的清偿顺序是先清偿合作社的员工工资及社会保险，然后清偿所欠税款，最后再清偿债权人债务。从这一制度可以看出，法律着重保护农民专业合作社成员的利益，尽量避免农民因加入合作社而失去财产和保障。

第二节 成员及其权利的取得与消灭

合作社以人的联合为基础，成员是合作社的重要组成部分。国外的法律对合作社成员的义务有一定的规定。例如，《独联体成员国

---

[1] 张永兵：《农民专业合作社财产制度研究》，武汉大学出版社2017年版，第149页。

[2] 现行《农民专业合作社法》第36条规定，农民专业合作社的理事长、理事和管理人员不得有下列行为："（一）侵占、挪用或者私分本社资产；（二）违反章程规定或者未经成员大会同意，将本社资金借贷给他人或者以本社资产为他人提供担保；（三）接受他人与本社交易的佣金归为己有；（四）从事损害本社经济利益的其他活动。理事长、理事和管理人员违反前款规定所得的收入，应当归本社所有；给本社造成损失的，应当承担赔偿责任。"

合作社及其联合社模范法》中要求成员必须与合作社发生交易,以服务利用者、消费者、供应者或者顾客的身份;《日本农业协同组合法》规定自然人成员必须利用农协的设施。[1]其目的是保证合作社的互助性,防止"搭便车"的行为。《农民专业合作社法》对成员权利进行了较为具体的规定,对成员义务则只作了概括性规定,主要是通过规范自然人成员的年龄、身份、职业、住所,法人成员的经营范围、业务与合作社的相关度等要素,在一定程度上保证成员有利用合作社的目的,并有互助能力。

一、成员准入限制

ICA在总结罗虚戴尔和国际合作社运动发展经验时将"自愿开放的成员资格"作为合作社的重要原则。实践中发现,为保证农民专业合作社的性质及其目的的实现,成员的开放原则也是有条件的。考虑到合作社是有具体经营目的和一定商业目标的组织,成员之间须达成互助关系,同质或相关联的生产条件和能力是合作社与成员、成员与成员之间紧密连接的基础。成员资格开放应是建立在成员人格平等的基础上,对其劳动能力和发展意向上的选择。因此,农民专业合作社对于自然人成员和法人成员的资格限制有一定的区别。

自然人要加入农民专业合作社应当具备以下三个条件。一是成员应当有独立劳动的能力和民事行为能力,在法律上能够支配自己的财产,并承担相应的法律责任。对于这一条件的规制主要体现在自然人的年龄上。各国关于自然人成员年龄的设置大多与各国法律

---

[1] 张德峰:《合作社社员权论》,法律出版社2016年版,第123页。

规定的完全民事行为能力人年龄相一致。例如，英国、美国的合作社法规定，成为合作社成员以限制民事行为能力人年龄为限，在合作社中担任职务则必须达到完全民事行为能力人的年龄。我国20世纪50年代的合作社法草案规定，16岁以上可以加入合作社，这是当时法律规定完全民事行为能力人的年龄界限。现在我国法律规定18岁以上为完全民事行为能力人，因此，农民专业合作社自然人成员的基础年龄也规定为18岁以上。二是成员应当有利用合作社的目的和便利。考虑到自然人利用合作社需要地域上的便利，合作社一般来说是区域联合组织，所以成员们大多住所地相邻或工作地相近。德国的合作社法规定，"成员的资格之取得与保有受居住区域限制"。[1]日本农协成员也以工作或居住的地区为限。越南合作社为保障本国公民权利，规定合作社成员必须是本国公民。[2]我国法律未对成员的居住范围和工作范围进行限制，但大部分有横向经济联合的合作社其成员多是一个村组、行政村或附近几个村组、行政村的村民。三是成员应当有积极互助的能力，即成员之间有互助的意愿且在专业上有互助的能力。这一条件的规制主要体现在法律对于各类合作社成员身份的限制上。例如，我国20世纪50年代的合作社法草案规定，不直接参与合作社生产的劳动者和手工业资本家不得加入民间工艺合作社；不得同时加入两个性质相同的合作社等。我国台湾地区相关制度规定，除公权者、破产者、吸毒者不能加入合作社。日本水产、农业等不同行业有专门的合作社法，对成员从事的行业、从业时长有一定的限制，水产合作社要求成员是渔民且一年从业

---

〔1〕 郑景元：《农村信用社法律问题研究》，知识产权出版社2011年版，第79页。

〔2〕 陈岷、赵新龙、李勇军：《经济法视野中的合作社》，知识产权出版社2016年版，第164页。

30—90天，农业合作社要求成员是农民。[1]现行《农民专业合作社法》要求农民专业合作社成员以农民为主体，并明确规定农民成员不得低于成员总数的80%，这一规定意味我国农民专业合作社成员中必须有80%以上是有农村户口的自然人。

早期合作社的成员只能是自然人，但随着市场经济的发展，法人也有了加入合作社的意愿和必要，法人成员的加入为合作社带来资金、技术、设备等方面的支持。考虑到法人成员的资金、生产力优势都远大于自然人成员，且企业法人是以营利为目的生产经营主体，其各方面都与自然人成员有着巨大的差异。为维护合作社的合作性，保障自然人成员的平等权益，各国法律都对法人成员在合作社中的占比、行业相关性等方面进行了限制。《日本农业协同组合法》规定，法人必须从事农业经营及附带行业才可以加入合作社。现行《农民专业合作社法》第19条也要求法人成员必须从事与农民专业合作社业务有直接关系的生产经营活动，同时还规定具有管理公共事务职能的单位不得加入农民专业合作社，以保障合作社成员之间的平等互助关系。现行《农民专业合作社法》第20条对于法人成员的占比也有严格的限制：成员总数20人以下的，只能有1个法人成员；成员总数超过20人的，法人成员不得超过成员总数的5%。

二、入社自愿权

农民专业合作社是自愿联合起来的互助型经济组织，成员积极

---

[1] 屈茂辉、蒋学跃、王泽功：《合作社法律制度研究》，中国工商出版社2007年版，第168－171页。

参与的最基本原则是自愿和自由,这种自愿包括成员的自愿加入和合作社的自愿接纳。日本为了实现合作社的扩大而进行了限制,原则上要求合作社同意每一位符合法律规定的申请者入社。我国在政策上要求加快农村合作社的建设,鼓励农民入社,但也赋予合作社较大的自治权,不要求农民专业合作社必须接受所有符合要求的成员,也不要求农民必须加入合作社。

农民专业合作社成员的入社方式主要分为原始入社、继承入社和受让入社三种。

原始入社即根据法律和合作社章程规定的方式加入合作社成为成员。符合条件的申请人自愿提出书面申请,经成员大会或成员代表大会表决后即可成为成员。

继承入社即依法通过继承的方式加入合作社。考虑到合作社的人合属性,继承入社的成员必须符合合作社的基本要求,提出书面申请,经成员大会或成员代表大会通过。成员出资的继承问题,由合作社章程进行规定。2018年农业农村部发布的《农民专业合作社示范章程》规定,成员死亡的,其法定继承人依据本社入社条件的要求和程序加入合作社。如果合作社成员大会或者成员代表大会不同意其法定继承人入社,则按照成员资格终止处理,其成员账户中记载的出资额、公积金份额等由继承人依法继承。当然,《农民专业合作社示范章程》并不具有法律的强制力,合作社如果希望通过其他程序对继承入社进行限制可以在章程中作出详细规定。

受让入社是非合作社成员通过购买、接受赠与等方式获得原成员转让人股份成为新的成员。成员出资转让是合作社的自治事项,《农民专业合作社示范章程》的建议是:经理事会(或者理事长)审核,成员大会讨论通过,成员出资可以转让给本社其他成员。但法律并未禁止成员将出资转让给非成员对象。其他国家接受合作社成员受让入社主要有两种方式：一是经过合作社的同意可以受让入社，如澳大利亚新南威尔士州以及瑞典；二是先通过入社程序加入合作社，再接受同一合作社成员的让与，如加拿大、日本、芬兰等。考虑到合作社的人合属性，任何非成员加入合作社都需要当事人提出书面申请，经过合作社全体成员的同意，无论同意程序前置或者后置，非成员都无法像营利法人那样一经让与即当然获得合作社成员的份额和权利，这是为了保护合作社的本质属性和成员的根本权利。

实践中大多数合作社都未在设立时考虑继承或者受让的问题，当合作社出现以上这些情况时，往往由当事人和合作社股东进行协商，基本以征得全体股东同意为准则。例如，某养殖合作社，设立时该自然村 30 户中有 4 户未加入合作社，第二年合作社营利后这 4 户又要求加入。该合作社的章程中并未对这种情况进行规定，于是根据惯例召开了全体成员大会进行商议，最终全体成员同意这 4 户入社，但要求他们以高于原合作社成员出资 2 000 元的金额占有与其他成员同等的份额。该案例中采取召开成员大会的程序是因为该合作社全体成员都进行了出资，都是合作社股东。其他部分成员出资的合作社碰到这种情形，一般不会召开成员大会，而是由出资股东协商解决。

三、退社自由权

合作社的基本原则是入社自愿、退社自由，这也是合作社有别于企业法人和其他经济组织的显著特征，更是保护合作社成员基本权利的直接体现。退社自由意味着成员无论出于何种原因都可以依据法定程序退出合作社。

在我国,退社可分为自愿退出和法定退出。自愿退出的程序比较简单,一般由成员以书面方式向理事长或理事会提出申请,自然人成员的退社申请应在会计年度结束前3个月提出;法人成员的退社申请应在会计年度结束前6个月提出,无须任何人同意,退社成员的成员资格自会计年度终了时终止。其他国家关于成员身份终止日期也有不同规定,如《加拿大合作社法》规定,退社自合作社收到退社申请之日生效;《英国合作社与社区利益社法》规定,退社自退社申请发出之日生效。[1]以上两部法律规定的退社申请可随时作出并快速生效。法定退出有各种不同的情形。一是成员死亡,成员权终止,成员份额按章程规定由继承人继承或退出。二是除名,即成员不遵守合作社章程、成员(代表)大会决议,或严重危害其他成员或合作社利益,成员(代表)大会可表决是否除名,被除名成员的成员资格到会计年度结束时终止。[2]无论是自愿退出还是法定退出,农民专业合作社都应当退还成员账户内的出资额、公积金以及当年度应当分配的盈余。

成员退社时须依据法律或章程规定承担一定的责任。一是完成退出前与合作社签订的合同。成员的突然退出可能导致合作社执行对外协议困难,如货物供给不足造成的对外违约风险等,这会影响合作社的利益以及其他成员的利益。很多国家的法律要求退社在会计年度终了时生效也是为了避免这一类风险。二是分摊退社时合作社的亏损和债务。《农民专业合作社法》规定,成员退社时可从成员账户中退出出资额、公积金和当年度应当分配的盈余,这部分金额

---

[1] 张德峰:《合作社社员权论》,法律出版社2016年版,第159页。
[2] 参见现行《农民专业合作社法》第26条。

要先按比例偿还债务后再退给退社成员。该规定一方面保护了债权人的利益，另一方面也保障了合作社及其他成员的权益。三是承担合作社解散的连带责任。为防止成员通过退社的方式逃避债务，损害善意第三人的利益以及社会利益，个别国家和地区的合作社法规定了成员退社后的连带责任。例如，《德国工商业与经济合作社法》规定，如果合作社在成员退社后6个月内解散，成员视为没有退社。[1]我国法律未对此进行规定。

第三节 农民专业合作社的内部治理制度

农民专业合作社的内部治理制度是明确农民专业合作社性质的重要因素。从罗虚戴尔合作原则开始，"民主控制""一人一票"等原则就都被写入了合作社的基因中。农民专业合作社的内部治理制度主要包括成员（代表）大会、理事会、监事会的组织构架，成员"一人一票"的民主管理。

一、依法治理原则

根据《农民专业合作社法》的规定，农民专业合作社的内部治理须遵循以下三个原则。

第一，自愿原则。农民专业合作社是成员们为共同利益自愿组

---

[1] 张德峰：《合作社社员权论》，法律出版社2016年版，第163页。

织而成，成立、加入合作社完全由农民的个人意志决定，不受外来力量的强制干预。我国一直强调鼓励农民建立合作社，大力发展合作社，同时更强调合作社要建立在农民自愿的基础上。自愿原则在合作社的发起过程中体现为合作社的发起人可以自主决定是否要成立合作社，成立一个什么样的合作社。合作社的名称、住址、经营范围、成员人数、资金规模都由发起人自主决定，不受政府和其他组织的干涉。自愿原则在成员入社时体现为成员入社自愿，在入社时可以具体考察合作社的经营情况，认真阅读合作社章程，了解入社要求，在愿意完全遵守合作社章程的前提下提出入社申请。入社后，成员也可无须任何理由、完全按自己的意愿、无障碍地申请退社，无须批准或通过程序，到会计年度终了时自行终止成员资格。

第二，民主原则。民主管理是农民专业合作社内部治理的核心原则。首先，合作社的重大决策都必须通过成员大会的决议，合作社章程须创始成员一致通过，经营过程中涉及合作社和成员重大利益的事项需全体成员三分之二以上同意才能够执行。其次，合作社理事会（长）、执行监事、监事会等合作社的管理层由全体成员选举民主产生，负责合作社日常经营业务。最后，成员大会的选举和表决实行"一人一票"制，出资或交易大户享有不高于全社总表决权20%的附加表决权，尽可能地保障成员在合作社中享有平等的民主权利。

第三，自治原则。对农民专业合作社的成立和内部治理，法律都赋予了合作社极大的意思自治空间。《农民专业合作社法》各项强制规定的目的都在于确保合作社组织不偏离合作社的本质，为充分保障合作社及其成员的合法权益，采取具体的扶持举措，鼓励、促进合作社的规范发展。《农民专业合作社法》中有10处明文规定可以由章程约定的内容，包括成员出资、入社退社手续、成员权利义务、成员大会权利、合作社解散等。合作社的经营管理在不超出法律规定的范畴内，成员们都可以通过章程自我约定，自由发挥。

二、民主治理机构

农民专业合作社内部治理机构主要由成员大会、理事会和监事会组成。成员大会是合作社的决策机构，理事会是合作社的执行机构，监事会是合作社的监督机构。根据现行《农民专业合作社法》第32条的规定，合作社成员超过150人的可设立成员代表大会，成员代表大会根据章程的规定可行使成员大会的部分或全部职权。除成员大会外，合作社必须设理事长一名，理事长是合作社的法定代表人。[1]理事会、执行监事、监事会、财务会计等法律没有强制要求设定，可由合作社意思自治。一般情况下，合作社除理事长外，至少有执行监事一名，财务会计一名。

合作社是人的联合体，每个成员对于合作社的经营和发展都有权表达自己的意见，成员将自身权力委托给成员（代表）大会，由大会来行使全体成员的经营管理权。因此，合作社的重要决策都应通过成员（代表）大会决定，例如，成员的入社退社，理事长、理事、监事等成员的选举，合作社重大财产的处置、盈余的分配、亏损的处置、公积金的提取和使用、合作社管理人员的聘用，合作社分立、合并、解散等重大事项。实践中，农民专业合作社内部治理的基本规章制度都会集中体现在章程中，章程由成员（代表）大会决议通过，指导合作社的日常工作，提高合作社的运转效率。

---

[1] 参见现行《农民专业合作社法》第33条。

理事会是合作社的执行机构，由全体成员选举产生，负责执行成员（代表）大会的决议，依据合作社章程经营合作社。理事会理论上来说不具有任何决策权和处分权，它只是成员（代表）大会的代理机构，接受全体成员的委托管理合作社的日常事务，执行成员（代表）大会决议。为了保障全体成员的平等权利，成员（代表）大会通过选举产生了另一个代理机构——监事会，负责监督理事会的工作以及合作社的账目。根据法律的制度设计，理事会和监事会的权力都源于成员（代表）大会的授予，两者相互制衡，呈现稳定的三角关系，这也是现代公司制度内部治理的权力制衡和运行规范。

在实践中，大部分农民专业合作社的理事长或理事会都成为合作社的实际控制者，身兼决策、执行、监管数职，全权把控合作社的经营和发展。有学者调查发现，61.8%的合作社从不或很少召开成员（代表）大会，35.8%的合作社从不或很少召开理事会，89.5%的合作社从不或很少召开监事会。合作社的日常经营管理大多由理事会负责，合作社成员认为理事会很有用的比例达87.5%，认为成员（代表）大会没什么作用的比例达81.2%，认为监事会无用的比例达90.1%。[1]这种理事长（会）控制农民专业合作社的现象与我国合作社的发展现状有关。我国大多数农民专业合作社是由一户或几户农业大户发起，逐渐吸收周边同业的农民加入，发展壮大。可以说，合作社的组成本身就出于发起人的意愿，其能力和利益在合作社中都有很高的地位，在治理结构中的作用也是巨大的。合作社成立后，发起人自然成为理事会成员，即使合作社扩大，自

---

[1] 董红、王有强：《农民专业合作社发展的现状、困难及对策探析》，载《云南民族大学学报（哲学社会科学版）》2018年第3期。

然形成的以理事会为核心的决策、经营、发展模式也很难发生变化。这种类型的合作社与普通成员之间的交易简单直接，大多直接以工资、购货款等形式将款项支付给成员作为盈余分配，成员不参与也不直接影响合作社对外的经营。

三、治理机制与投票权配置

合作社内部治理机制主要有三类，即决策机制、激励机制和监督机制，其中决策机制是合作社内部治理机制的核心，也是合作社民主自治的保障。托克维尔认为："每个人既然从自然得到了处世为人的必备知识，那他生来便有平等而不可剥夺的权利，在只涉及他本人的一切事务上，独立于他之外，并有权任意支配自己的命运……因为每个人既然对自己拥有绝对权利，那么，最高意志只能来自全体意志的联合。"[1] 毋庸置疑，成员（代表）大会是合作社全体意志的联合机关，但如何保证成员（代表）大会的决议能够准确地反映合作社成员的全体意志，是合作社投票权配置的技术问题。

投票权是成员参与合作社管理决策的体现，是成员权的重要组成部分。投票权的成员权性质，使得它始终应当按人而非资本来进行计算。合作社是人的联合，每位成员不论对合作社的贡献如何，出资多少，只要参与合作社就享有对合作社经营和管理的平等权利，这也是"一人一票"的出发点。随着第二次"世界大战"之后资本主义的迅速发展，资本进入传统合作社经营的领域，以强大的资金

---

[1] [法]托克维尔：《旧制度与大革命》，冯棠译，商务印书馆2012年版，第313页。

和技术抢占市场,压缩合作社的生存空间。为缓解合作社资金紧张的问题,西方一些国家出现了股份制合作社。股份制合作社将合作社的资产改成了股份,传统成员的入社出资为"普通股",仍采取一人一股、一股一票的模式,一定比例的股份可以由社会资本认购,按固定比例分红,这部分股份被称为"优先股",可以买卖、转让,只有分红权,没有投票权。[1]美国1922年制定的《卡泊-沃尔斯台德法》规定,股份合作社的成员是生产者,无论股份多少,一人只有一票投票权。[2]《意大利民法典》规定,无论成员的份额或股份数额,每一个成员只有一票权。《澳大利亚新南威尔士州合作社法》规定,投票权同成员身份非持股相关。[3]从以上规定可以看出,在合作社中投票权与股份之间不成等比增长关系,即使股份合作社也未将股份作为投票权的唯一标准。当然,完全排斥投资成员的投票权显然有损投资者积极性,严格的"一人一票"制度对那些有较大贡献的成员也不公平,因此,很多国家都出现了有限的"一人多票"制度。德国1937年修改的合作社法规定,对于给合作社业务以特殊支持的成员可以适当增加票数,但最多不超过3票,而且"一人多票"仅适用于简单多数决的场合。[4]也有观点认为,一个人的投票权份额或不能超过20%,或不能超过5票、10票,或限定为3%或5%。[5]

---

[1] 李春景:《论西方国家股份合作社的本质及对我国的启示》,载仝志辉主编:《农民合作社本质论争》,社会科学文献出版社2016年版,第98页。

[2] 马俊驹主编:《现代企业法律制度研究》,法律出版社2000年版,第372页。

[3] 张德峰:《合作社社员权论》,法律出版社2016年版,第211页。

[4] 郭国庆:《德国〈合作社法〉评介》,载《河北法学》1999年第1期。

[5] Jerker Nilsson, *New Generation Farmer Cooperatives*, ICA Review, Vol. 90, No. 1, 1997, pp. 32–38. 转引自李春景:《论西方国家股份合作社的本质及对我国的启示》,载仝志辉主编:《农民合作社本质论争》,社会科学文献出版社2016年版,第99页。

现行《农民专业合作社法》中规定了两种类型的投票权：一是以成员为基础的"一人一票"，在成员（代表）大会选举和表决中每位成员都享有一份投票权；二是附加投票权，出资额或交易额（量）较大的成员根据章程规定可以享有附加投票权，但附加投票权的总数不得超过全社基本投票权的20%，而且附加投票权的具体票数和拥有者在成员（代表）大会召开时须公布。[1]《农民专业合作社示范章程》给出了这一规定的落实范例，建议在合作社章程中注明享有附加投票权的成员出资额或交易量（额）在总额中的占比，以及附加投票权的适用事项，如"在设立或加入农民专业合作社联合社、重大财产处置、投资兴办经济实体、对外担保和生产经营活动中的其他事项决策方面，最多享有____票的附加表决权"。我国农民专业合作社成员（代表）大会的表决制度主要采取简单多数决的通过模式，成员（代表）大会的召开必须有三分之二以上成员出席，获得投票过半数决议通过。涉及合作社重大决策的，如修改章程，合作社的分立、合并、解散，是否加入联合社等决议须三分之二以上的代表通过。

总的来说，农民专业合作社的内部治理机制、组织架构、投票权的具体执行等问题都由农民专业合作社内部自觉遵守，行政管理部门只能从形式上监督，例如，合作社是否"三会"齐全，是否有成员（代表）大会每年的会议记录和全体参与者的签名，成员的投票权行使是否留下了书面材料或成员签章等。从形式上体现民主管理容易，但是否真的运行还需要农民专业合作社及其全体成员自行遵守。

---

[1] 参见现行《农民专业合作社法》第22条。

第四节　农民专业合作社的盈余分配制度

关于合作社的盈余分配制度，既涉及合作社的本质问题，也涉及成员的基本权益。传统合作社一直坚持以交易额（量）作为盈余分配的标准，这在客观上限制了外部资金的注入，非农业从业人员和企业无法参与合作社生产，以农业技术、品牌出资合作社的，也很难计算其每年与合作社的交易额，而新一代的合作社强调以股份的方式分配盈余，又有违背合作社的本质属性之嫌。因此，合作社的盈余分配问题现阶段还存在一些争议。

一、主要按交易量（额）返还盈余

合作社的盈余"按交易量（额）返还"是罗虚戴尔合作社时期确立的盈余分配模式。罗虚戴尔合作社是消费合作社，成员按照市场价与合作社进行交易，交易量（额）即社员对合作社的贡献值，据此来进行盈余分配，是自然而然的选择。这一分配模式也体现了合作社的人合性特征，合作社是劳动的集合而非资本的集合，其所有的资源为劳动服务，劳动是获得收入的方式；合作社向成员提供服务，并根据成员对合作社的劳动贡献来分配盈余，也是按劳分配的形式。

成员与合作社的交易方式是多种多样的，既可以是成员向合作社出售或购买产品，也可以是成员向合作社提供或购买服务，多种交易方式的计量单位可能是金额，也可能是数量，具体地根据合作社的实际情况来确定。例如，在种养殖业合作社中，成员向合作社出售符合要求的产品即为交易，该成员与合作社交易的总额在合作社全年交易额中的占比，就是成员获得盈余的依据。有的合作社中，成员不占有生产资料，仅仅为合作社提供劳动力或者其他服务，服务时长或个人产量也可算作与合作社的交易量（额）。消费类合作社或服务类合作社中，成员向合作社购买产品或服务的行为也是与合作社的交易行为。

依据现行《农民专业合作社法》的规定，农民专业合作社返还给成员的是"可分配盈余"，其与盈余还有一定的区别。依据《农民专业合作社财务制度》的规定，合作社当年收入减去营业成本和所得税费用后剩余的部分为盈余，弥补亏损、提取公积金后的当年盈余为可分配盈余，可分配盈余返还给社员的比例不得低于60%。返还后剩余的部分以成员账户中记载的出资额和公积金份额，以及本社接受国家财政直接补助和他人捐赠形成的财产平均量化为成员的份额，按比例分配给本社成员。社员退社时可以取走本人成员账户内的出资额和公积金份额。

公积金是合作社为了对外展示经济实力，扩大再生产以及预防亏损留存的储备资金，公积金展示了一个合作社抵御风险的能力。与公司法人不同的是，合作社的公积金需量化到每位成员的账户中，其对外是一个整体，展示法人的偿债能力，对内明确成员份额，成员退社时可即时取走属于本人的部分。我国法律规定公积金从合作社当年盈余中提取，具体的提取份额由合作社决定。

二、资本报酬有限

传统合作社的成员必须以资金认购股份，出资是入社的条件，而不是营利的方式。罗虚戴尔原则中规定，认购股金的金额不限，但只付股息，不分红利，也就是说，成员入社的出资可以获得合法的利息，但不能以出资作为分红的依据。罗虚戴尔原则增补版中，这一原则改为"限制入股份额，限制权益资本分红"，其限制了成员的出资额度，进一步减少了以资本在合作社中获得收益的可能性。1937年的罗虚戴尔原则改为"资本利息有限"，1966年再次改为"资本报酬有限"[1]，都是在不断强调合作社"按劳分配"而不是"按资分配"的属性。

由于市场竞争的日益激烈，合作社限制资本的模式严重影响了自身发展和市场竞争力，合作社开始向营利法人学习，通过转让一部分股份来获得融资，以解决合作社资金短缺的问题。为了不危及合作社的本质属性，对于合作社的资本报酬份额的限制，主要分为两种形式。一是对股息的限制。例如，《日本农业协同组合法》规定的年股息在八分以下；我国香港特区《合作社条例》规定清盘时法定剩余资金可用于支付股息，但年息不得超过10厘，台湾地区合作社法规定股息不得超过一分，无盈余时不得发息。[2]二是对按股分红的限制。例如，意大利规定股金分红总比不得超过税后利润的

---

[1] 关于罗虚戴尔原则变迁内容，参见吴彬：《合作社究竟是什么？——基于对国际合作社原则及其流变的重新解读》，载仝志辉主编：《农民合作社本质论争》，社会科学文献出版社2016年版，第56页。

[2] 张德峰：《合作社社员权论》，法律出版社2016年版，第89-90页。

50%；法国规定股金分红比例要低于6%；《澳大利亚新南威尔士州合作社法》规定一个人获得的按股分红不得超过股份资本票面价值的20%；美国的《卡泊-沃尔斯台德法》规定股息或按股分红的比例不得超过分红总额的8%。[1]现行《农民专业合作社法》限制按股分红比例，规定可分配的盈余中有40%属于合作社意思自治的空间，合作社可以自由分配，如以成员账户中记载的出资额、公积金份额以及本社接受国家财政直接补助和他人捐赠的财产平均量化到成员的份额为依据进行分配，也就是按股分红，也可以经成员（代表）大会表决同意将这40%的可分配盈余全部或者部分转为成员对合作社的出资并记于成员账户上。

三、盈余分配模式的变通

随着精准扶贫和乡村振兴战略的实施，农村涌现出一批新型农村经济组织，其中包括各式各样的合作社，如土地股份合作社、农村社区合作社等，中央政策性文件中也开始使用"农民合作社"代替"农民专业合作社"来囊括这些新型合作社。新型农民合作社很多也进行了农民专业合作社登记注册，以便获得法人身份，但其内部组织结构与农民专业合作社有一定的区别。这种区别主要体现在法人财产的组成形式和分红方式上。例如，土地股份合作社的法人财产是由成员的承包地组成，可由合作社自行经营，也可外包给其他经营者，成员的份额以其入股合作社的土地价值进行量化；农村

---

[1] 李春景：《论西方国家股份合作社的本质及对我国的启示》，载仝志辉主编：《农民合作社本质论争》，社会科学文献出版社2016年版，第100页。

社区合作社中则有身份股和财产股,成员身份和出资量化为股权。这两种合作社成员都不太可能与合作社发生具体的产品交易,按交易量(额)分配的模式显然不适合这些合作社。

在现有法律框架下,各类农民合作社的分配方式如果要具有合法性,则需要对"按交易量(额)"进行进一步的解释。有学者认为,"按交易量(额)分配"包括交易事实、交易对价和交易量(额)盈余返还三个要素。可以将成员出资土地看作成员与合作社的交易,合作社支付的土地经营权年使用金即可看作是交易的对价,合作社按照成员土地的年产出盈余进行浮动分红即交易量(额)盈余返还,这样就解决了土地股份合作社中成员与合作社没有交易的问题。[1] 2016年中央一号文件提出"引导农户自愿以土地经营权等入股龙头企业和农民合作社,采取'保底收益+按股分红'等方式",这种分配方式将"保底收益"看作是交易对价,将"按股分红"看作交易量(额)盈余返还,也基本满足了法律规定的分配形式。2017年发布的《广西壮族自治区农业厅关于引导和促进农民专业合作社规范发展的意见》提出了盈余分配的创新性规定:一是允许那些通过保底价或定价收购农产品的合作社在经成员(代表)大会同意的情况下,将可分配盈余全部投入本社生产经营发展;二是对于没有产品或服务交易的股份合作社,可分配盈余应按成员股份比例进行分配。这两项规定解决了《农民专业合作社法》盈余分配制度与实践衔接的问题。一方面,现在很多合作社都采取了保底价或定价收购农产品的交易形式,以鼓励农民无后顾之忧地加入合作社进行生产,保价的方式把市场风险从合作社和成员双方承担转移

---

[1] 参见高海:《〈农民专业合作社法〉的改进与完善建议》,载《农业经济问题》2018年第5期。

至合作社独自承担，合作社的盈余在市场行情的变化中具有调节合作社经营盈亏的功能，对合作社的整体发展有利。另一方面，允许没有产品或服务交易的股份合作社按股分红，直接解决了股份合作社、农村社区合作社等的盈余分配难题，对我国大力发展新型合作社有推动作用。但需要注意的是，农民专业合作社长期以固定保底价收购农产品可能会使得合作社的实际控制者从其他成员身上赚取利润，造成合作社的异化；允许合作社按股分红突破了合作社"资本报酬有限"的属性，对发展不规范的合作社而言也是一个有利可图的漏洞。

第五节 《农民专业合作社法》的新发展

卢曼认为，法是一种"学习的法"，具有"在有意识地设定的暂行的、可变的各种关系中有意识地导入的，一种可以与这类关系同时变化的规范性质"。[1]《农民专业合作社法》自2007年施行以来为我国农民专业合作社的规范和发展提供了法律依据和法律保障。该法的出现改变了合作社"无名无分""野蛮生长"的状态，为其提供了明确的法律定位和内部构架，使其成为一个合法的市场主体。一方面，该法制止了不符合合作社性质的农民专业合作社占用国家资源和市场资源，欺骗农民和其他市场主体，扰乱市场秩序；另一方面，其鼓励、支持和引导了正规农民专业合作社的发展，使国家扶持政策能够落到实处，真正惠及发展农村产业或有发展农村产业

---

[1] 季卫东：《法治秩序的建构》（增补版），商务印书馆2014年版，第140页。

意愿的农民和其他主体投身农业农村现代化建设。据统计,从 2007 年到 2017 年,我国农民专业合作社的总数翻了近 47 倍,农民专业合作社经营的产业分布也更为广泛,涵盖了粮棉油、肉蛋奶、果蔬茶等主要农产品生产经营领域,并扩展到农机植保、民间工艺、旅游休闲、农业电子商务等多领域、多业态,同时还在农民专业合作社的基础上出现了土地股份合作社、农村社区合作社、合作社联合社等适合我国国情的新合作模式。随着社会分工的深化,城乡一体化发展以及农村产业结构的变化,农村和农民经营产业的多样性在增加,对于合作的需求也从过去的同业合作慢慢向立体产业链合作的方向发展,全国各地的农民专业合作社都进行了一些新尝试,取得了不错的成绩,也出现了一些问题。为了优化农业产业结构,实现资源的优势配置,适应农业供给侧结构性改革的需求,同时为了将实践中的优秀经验反映在立法中,巩固创新成果,引导合作社全面科学发展,2017 年修订的《农民专业合作社法》在以下七个方面作出了调整。

一、取消成员同类限制

传统合作社最大的特征是成员的同质性,大多合作社是由同类农产品经营者或者同类农业产业经营者组成,例如,常见的种植类合作社,成员都从事同类农产品种植;还有发展较早的农机合作社,成员都是各类农机的所有者、使用者和服务提供者。同类经营最大的优势在于形成规模产业,这对于早期小农经济的生产者来说具有重要的增收价值,增加产业规模有助于他们与更大的客户进行对接和合作,形成稳定的产品、服务供应链。同时,成员同质性也使得合作社内部管理成本更低，产品交易、盈余分配等都不需要考虑差异性带来的问题，成员的认同感也会更强。但是，同质化的负面效应在于容易产生成员"搭便车"的问题，而且合作社扩张到一定程度就会因边际效益无法再向前发展。正因如此，产业结构转型成为合作社发展的必然选择。

为适应我国农民专业合作社由单一生产经营模式向多种经营和服务综合化方向发展的趋势，现行《农民专业合作社法》扩大了法律的调整范围，取消了 2007 年版第 2 条对成员"同业"的要求，即允许不同类型的农业从业者组成合作社。[1]这也是对 2010 年中央一号文件中提出的合作社要向"多元化、多层次、多形式经营服务体系的方向转变"的回应。取消"同类"限制后，农民专业合作社可以朝三个方向发展。一是成员在横向上的多元化，由经营多个不同产业的成员共同组成合作社。例如，某养殖合作社成立的最初目的是养殖生猪，后来发展出石蛙、鸡等产品的养殖产业，以及茶叶、菌类等产品的种植产业，还发展了餐饮、民宿等旅游业务，本地村民自己生产的农产品都可以通过合作社统一销售，以品牌形成规模效应，实现合作社广泛的带动作用。二是成员在纵向产业链结合上的立体化发展，即形成集生产、贮藏、加工、运输、销售为一体的综合性合作社，鼓励合作社建立加工厂，加强产业项目深度，实现合作社全产业链覆盖。三是鼓励同业或同地域合作社形成联合社，提高合作社的组织化程度，实现合作社与合作社之间的深度合作，增强其市场竞争力和抗风险能力。

---

〔1〕 现行《农民专业合作社法》将 2007 年版第 2 条"农民专业合作社是在农村家庭承包经营基础上，同类农产品的生产经营者或者同类农业生产经营服务的提供者、利用者，自愿联合、民主管理的互助性经济组织"中的两个"同类"删除。

二、扩大经营项目

2007 年版《农民专业合作社法》将合作社的主营业务定为"提供农业生产资料的购买,农产品的销售、加工、运输、贮藏以及与农业生产经营有关的技术、信息等服务",这一规定反映了当时的农业发展情况。21 世纪初,我国农业产业化正在稳步发展中,技术突破是当时农业生产的发展方向,农村出现的合作社大多是同质性的生产合作社和提供农业技术服务的相关合作组织,法律也就顺势将农民专业合作社的营业方向集中于农业领域。随着这十几年经济的跨越式发展,农村早已不再只有第一产业,第二产业、第三产业纷纷登上农村舞台,各地出现了合作社兴办的加工厂,出现了其他制造业类的合作社,以及以旅游业合作社为代表的第三产业合作社。为了给实践中涌现的各类新型合作社正名,现行《农业专业合作社法》修订时扩大了合作社经营项目范围,新增了"农村民间工艺及制品、休闲农业和乡村旅游资源的开发经营等"项目。

这一修改对于乡村振兴具有重要意义。山区的很多乡村都存在农业生产资料的局限,不适合发展传统的种植养殖农业,但这些地区的自然资源、文化资源较其他地区要丰富得多,适合发展特色旅游、特色手工业等产业。乡村旅游是近几年兴起的产物,大型景点多由旅游公司买断,小型乡村旅游则是农家乐形式,以村或户为单位经营,比较分散。农民专业合作社能够帮助小农户组织起来,依托本地特有资源,开展乡村旅游相关的系列产业建设,走上共同富裕的道路。

三、允许土地经营权入股

关于农村土地权利入股合作社的问题，法律的规定一直比较模糊。2003年施行的《农村土地承包法》第42条规定，承包户之间的合作可以采取土地承包经营权入股的方式，这一规定是为实现小农土地的规模化经营而制定的。为保证农村土地承包关系的稳定，法律仅允许承包户的农村土地权利入股合作，不允许以土地承包经营权作为投资入股公司实现经济价值。农民专业合作社恰好居于成员自主经营和与入股公司经营的中间地带，其具有承包户合作的性质，但成员主体又不仅仅是农民。2007年出台的《农民专业合作社登记管理条例》（已失效）对合作社出资问题进行规范，其中规定成员可以"用实物、知识产权等能够用货币估价并可以依法转让的非货币财产作价出资"。土地承包经营权显然是可以依法转让的非货币财产，可以作为农民专业合作社的出资。各地关于农民专业合作社的立法中大多也明确了这一意图，《浙江省农村土地承包经营权作价出资农民专业合作社登记暂行办法》（已失效）《黑龙江省农民专业合作社条例》等都有农村土地承包经营权可以作为农民专业合作社成员出资的相关规定。对于土地承包经营权出资的方式，法律没有明确规定，实践中既有将土地承包经营权流转给农民专业合作社的，也有通过协议或成员账户约定股权份额但不发生权属转移的。

现行《农民专业合作社法》中关于土地经营权可作为成员出资入股合作社的规定对规范农地权利入股合作社具有重要意义。2018年修正的《农村土地承包法》明确了农地的"三权分置"问题，即农村的土地集体所有权、农民土地承包权和经营权分置并行，在进一步稳定农村土地承包权的基础上促进了土地经营权的流转。在此基础上，以农地的经营权入股合作社，就无须考虑承包权是否流转给合作社的问题，仅通过协议的方式就可移转承包地的经营权，由合作社进行统一的利用和管理。这不仅为农地权属入股合作社提供了合法的途径，也使得合作社对其成员所出资的土地的占有、使用、处分等行为更具合法性。修改扩大的农民专业合作社成员的出资方式顺应了农民财产多样化和农村土地"三权分置"的发展态势，平衡了农民财产权利实现与农村土地承包长期稳定之间的关系，有利于保障自然人成员在合作社中的利益，更利于维护农村社会稳定，提高农民入社积极性。

四、新增年报公示制度

根据现行《农民专业合作社法》第29条和第40条的规定，农民专业合作社理事长（会）应当按照章程规定组织编制年度业务报告，于成员大会召开前15天置于办公地点供成员查阅；成员（代表）大会有权批准年度业务报告。根据这一规定，合作社的年度业务报告如非章程规定不必须制定，公示也仅在合作社内部。2014年国家工商行政管理总局制定了《农民专业合作社年度报告公示暂行办法》，要求农民专业合作社按规定时间向工商行政管理部门报送年报并向社会公示，并对合作社年报公示的程序进行了具体规定。现行《农民专业合作社法》第17条将年报公示制度以法律形式进行了明确，这既有利于保护成员的知情权，也有利于巩固农民专业合作社的公信力和市场主体地位。

根据《农民专业合作社年度报告公示暂行办法》的规定，农民专业合作社年报公示信息主要包括行政许可取得和变动信息、生产经营信息、资产状况信息、开设的网站或者从事网络经营的网店的名称和网址等信息、联系方式信息以及国家工商行政管理总局要求公示的其他信息。其公示程序要求农民专业合作社于每年的上半年向工商行政管理部门报送上一年度的年报，省级工商行政管理局应对合作社年报进行随机抽查并公示结果，社会公众可以对合作社年报公示进行监督。如果农民专业合作社公示信息有误或延期，则被标记为"经营异常状态"，须及时补报改正，否则有被注销的风险。

五、加强民主管理

民主管理是合作社的本质属性，也是《农民专业合作社法》的重要原则之一。农民专业合作社的民主管理主要是通过其章程和成员（代表）大会来实现的。现行《农民专业合作社法》对于章程应列明的事项以及成员（代表）大会应决策的事项都进行了更为详细的规定。

在成员（代表）大会决策事项中，主要新增了三方面内容。一是成员入社和退社的限制。在入社问题上新增第 24 条规定，符合法定成员资格的主体加入已成立的合作社时应当向理事长或理事会提出书面申请，并经成员（代表）大会表决通过。在退社问题上新增第 26 条"成员除名"条款，规定成员如果不遵守章程、成员（代表）大会的决议或严重危害其他成员及合作社利益，经成员（代表）大会表决通过可对该成员进行除名。在《农民专业合作社法》于 2017 年修订之前，新增成员只需要在注册机关备案，成员变更情况对于全体成员而言除非章程有特别规定，否则不必然掌握，这造成了实践中很多合作社都存在成员与非成员边界不清的现象，侵犯了成员的知情权，更损害了成员的民主控制权和部分经济利益。农民专业合作社的决策方式以及公积金份额都主要以人为单位，成员的增减对于合作社决议的通过以及每位成员的公积金份额都有非常重大的影响，只有通过成员（代表）大会的民主表决，才能保证合作社的民主管理性质，也才能保证成员入社和退社的合法性。二是设立、加入联合社，涉及合作社未来发展问题，应由成员（代表）大会决议。新增这一规定也是呼应新法中合作社联合社的规定。三是公积金的提取和使用。根据现行《农民专业合作社法》第42条的规定，公积金主要用于弥补亏损、扩大生产经营或转为成员出资。作为合作社法人的财产，其使用自然应当经过全体成员或成员代表的同意，这是成员民主管理权应有的内涵。

现行《农民专业合作社法》中关于成员（代表）大会还有一重要修改，即增加了成员代表大会的组成条件。2007年版《农民专业合作社法》中仅规定了合作社成员超过150人即可设立成员代表大会，但并未明确代表的产生比例，这在实践中非常容易导致广大成员被极少数人代表，少数人借此"合法"操纵合作社的情况。因此现行《农民专业合作社法》在修订时增加了对成员代表比例的规定，要求成员代表人数是总人数的10%，最低人数为51人。

在章程必须列明的事项中，现行《农民专业合作社法》主要增加了"成员出资的转让、继承、担保"以及"附加表决权的设立、行使方式和行使范围"两项规定。[1]这两项规定在加强合作社民主

---

〔1〕 现行《农民专业合作社法》第15条规定："农民专业合作社章程应当载明下列事项：……（六）成员的出资方式、出资额，成员出资的转让、继承、担保；……（十一）附加表决权的设立、行使方式和行使范围……"

管理的基础上,进一步增加了合作社自治的活力,其最主要的作用在于增加农民专业合作社中资本的参与权,为合作社融资提供了更大的可能性。

六、新增合作社联合社规范条款

随着农民专业合作社数量的不断增加,各地开始出现更高级别的合作社联合社。2013年中央一号文件提出,"引导农民合作社以产品和产业为纽带开展合作与联合,积极探索合作社联社登记管理办法";2014年中央一号文件提出,"引导发展农民专业合作社联合社"。联合社的出现为农民专业合作社的发展提供了更大的空间,原本以合作社形式无法形成的规模、无法实现的潜在利润可以通过合作社与合作社联合的形式来实现,这使得农民专业合作社这一主体有机会在市场中占据更大的份额。全国共有10个省(区)出台了省一级专门的农民专业合作社联合社登记管理办法,8个省的农民专业合作社登记办法或意见中有对联合社注册登记的规定。截至2021年全国农民专业合作社联合社的数量达1.3万余家,同比上升15.3%,涵盖21.3万余家农民专业合作社。[1]

现行《农民专业合作社法》专章对农民专业合作社联合社进行了规定,三个以上的农民专业合作社可以成立农民专业合作社联合社,联合社有自己的名称、组织机构、住所、章程以及出资,具有独立的法人资格;其决策机构是成员大会,根据需要可设理事会、

---

[1] 农业农村部农村合作经济指导司编:《中国农村合作经济统计年报(2021年)》,中国农业出版社2022年版,第33页。

监事会、执行监事等,联合社成员大会的表决权为一社一票;盈余分配方式由联合社章程规定。从联合社的有关条款可以看出,联合社主要是合作社的联合,其内部运行规则与合作社相似。在是否允许其他市场主体如公司或成员组织加入联合社的问题上,法律尚无明确规定,但现行《农民专业合作社法》第 63 条为联合社的兜底条款,明确了对联合社没有规定的适用农民专业合作社的规定,这为合作社联合社的不断探索发展提供了更大的空间和法律依据。

七、强化政府统筹引领职责

2013 年 7 月的国务院批复农业部,同意建立全国农民合作社发展部际联席会议制度,其主要职能是提出政策建议、立法建议;加强对合作社的指导和服务,落实扶持政策;制定示范社评定监管办法;研究解决合作社发展中的其他重要问题,综合助力农民专业合作社的发展。部际联席会议制度有效加强了各相关部门间的协调配合,群策群力,全方位助力我国农民专业合作社快速、规范发展。为巩固行之有效的成果,现行《农民专业合作社法》修订时在第 11 条增加了"县级以上人民政府应当建立农民专业合作社工作的综合协调机制"的条款,将联合会议这样的综合协调机制下沉至地方人民政府。这一方面明确了农民专业合作社建设和发展工作的责任主体是县级以上人民政府,便于地方政府在统筹协调安排本区域国民经济发展和社会建设计划时将农民专业合作社的建设和发展纳入其中,综合考虑、协调发展;另一方面也强调政府在农民专业合作社建设和发展过程中的主要职能不再是简单的管理,而是统筹指导、协调推动,引领农民专业合作社的发展方向和目标,切实解决农民专业合作社发展中的困难和问题，维护农民专业合作社及其成员的合法权益，推动和促进农民专业合作社及其联合社的科学发展。

总的来说，现行《农民专业合作社法》在恪守合作社的本质、鼓励合作社创新发展上做到了较好的平衡。一方面强化了合作社的本质属性，在盈余分配制度上强调主要按交易量（额）返还，在合作社内部管理上丰富了成员（代表）大会的职能，在合作社联合社的制度规范中同样坚持了设立成员大会、"一社一票"的表决制度，同时新增了第63条联合社的兜底条款，完善了合作社联合社的合作社属性。另一方面给予了农民专业合作社创新发展的空间，开放了成员异质性，允许成员以多种方式入股，增强了对合作社章程的授权，将很多实践中的先进经验纳入法律制度中，对于促进农民专业合作社发展有着重要作用。

第六节　促进农民专业合作社发展的法律措施

回顾我国农民专业合作社制度的发展可以发现，国家的法律、法规和规范性文件的出台大多是在地方先试先行的积极经验的基础上制定和颁布的。2006年《农民专业合作社法》制定之前，浙江省就出台了《浙江省农民专业合作社条例》，其中大部分内容都被写入了《农民专业合作社法》中。《农民专业合作社法》出台后，各地也出台了实施《农民专业合作社法》的规范性文件，制定了农民专业合作社发展的地方性标准。我国已有19个省级行政区制定了实施《农民专业合作社法》办法或农民专业合作社条例等地方性法规。各地还制定了促进农民专业合作社发展的意见、农民专业合作社的规范化标准以及示范社的评定标准,对农民专业合作社的外部登记、内部运行、扶持措施等内容进行了细化规定,制定了具体的执行标准。总体来说可以概括为以下三类。

一、农民专业合作社规范化建设

《农民专业合作社法》及相关法规和规范性文件的出台都是为了规范农民专业合作社的发展。2014年农业部等9个部委联合发布了《关于引导和促进农民合作社规范发展的意见》,从规范章程、依法注册登记、实行年报制度、明晰产权关系、完善组织机构、健全财务管理制度、建立成员账户和管理档案、收益分配公平合理、定期公开社务、坚持诚信经营、稳妥开展信用合作、推进信息化建设等角度对农民专业合作社的规范化提出了具体的要求。自治区、自治州、自治县等各级人民政府或农业主管部门也出台了相应的地方规范性文件,对农民专业合作社的提质升级提出了具体的发展路径。

第一,地方性法规和规范性文件细化了《农民专业合作社法》的有关规定。例如,《新疆维吾尔自治区实施〈中华人民共和国农民专业合作社法〉办法》中增加了社员账户依法继承的条款(第13条);明确了社员退社后其账户内政府补助资金份额以及他人捐款形成财产的处理(第14条);提出了社务公开制度(第17条);要求自治区制定农民专业合作社示范标准体系(第18条);新增了合作社的变更、注销公示程序(第19条);对禁止列入财政补助范围的合作社进行了规定(第20条);提出建立合作社信用评价体系(第27条);还增加了合作社非法套取、侵占国家补助的法律责任(第38条)。这些条款对于《农民专业合作社法》的实施,以及新疆维

第二章　农民专业合作社治理的法律规范检视

吾尔自治区内农民专业合作社的规范化发展都具有重要意义。《广西壮族自治区农业厅关于引导和促进农民专业合作社规范发展的意见》中创新规定了"通过实行保底价或定价收购农产品的合作社，或经成员（代表）大会同意将可分配盈余全部投入本社生产经营发展的合作社，视为实行盈余返还。与成员没有产品或服务交易的股份合作社，可分配盈余应按成员股份比例进行分配"。这一规定突破了《农民专业合作社法》中的盈余分配制度，创造性地解决了实践中各类新型股份合作社的盈余分配问题。除自治区外，各自治州与自治县也出台了相应的文件促进农民专业合作社的发展，其中不乏创造性的制度规范。例如，《甘孜州扶持发展农民合作社导则》中规定"利润的20%作为集体经济，80%作为成员分红"，这对《农民专业合作社法》中公积金的提取规则进行了细化。西双版纳傣族自治州规定合作社不得将成员作为牟利对象，其与成员和非成员交易应当分开核算；还要求重视农民专业合作社的文化建设，弘扬互助协作、扶贫济困、团结友爱传统美德。[1] 这些规定对于促进《农民专业合作社法》的实施和农民专业合作社的发展具有积极意义。

第二，地方性法规和规范性文件对农民专业合作社的规范化提出了明确的标准。例如，广西壮族自治区要求农民专业合作社依法注册、"三会"齐全；有固定办公场所，执照必须上墙；有完善的章程，健全的"三会"制度、财务制度和年报制度；依法民主决策，成员大会一年至少召开一次，选举或作出决定时须表决权总数的二分之一以上通过，修改章程或合并、分立、解散需表决权的三分之二以上通过；社务公开制度化、产权关系明晰化、财务管理规范化

---

[1]　参见《西双版纳州人民政府关于促进农民合作社规范发展的意见》。

等。[1]甘南藏族自治州要求农民专业合作社"三会"制度健全、章程具体可行、产权明晰、财务制度规范、收益分配合理。[2]西双版纳傣族自治州要求各县（市）要制定县市农民合作社示范社评定办法和促进农民合作社规范发展的实施意见，并要求农民专业合作社要做到统一组织经营、采购供应、标准生产、储运服务、产品营销、产品认证、技术培训等。[3]

第三，地方各级政府和农业主管部门鼓励农民专业合作社加强品牌建设和产品质量建设。促进农民专业合作社的规范化建设不仅要求合作社的证照齐全、内部组织完善，更重要的是要加强合作社的产业发展能力建设，鼓励农民专业合作社拥有独立的品牌，生产高质量的产品，获得良好的社会信誉，从而真正成为组织规范、产品合格、竞争力强的市场主体。《新疆维吾尔自治区实施〈中华人民共和国农民专业合作社法〉办法》第32条规定，政府有关部门和组织应当指导、扶助、帮助农民专业合作社申请注册商标，获得绿色食品、有机食品、地理标志认证。广西壮族自治区支持农民专业合作社培育驰名商标、著名商标，树立品牌形象，积极申报绿色食品等农产品认证。[4]内蒙古自治区鼓励农牧民合作社"进行无公害、绿色、有机农畜产品认证，培育驰名商标和名牌产品"[5]，要求农民专业合作社"建立健全农产品生产记录制度，提高农产品质量安

---

[1] 参见《广西壮族自治区农业厅关于引导和促进农民专业合作社规范发展的意见》。

[2] 参见《甘南藏族自治州人民政府关于进一步加快农牧民合作社发展的实施意见》。

[3] 参见《西双版纳州人民政府关于促进农民合作社规范发展的意见》。

[4] 参见《广西壮族自治区农业厅关于引导和促进农民专业合作社规范发展的意见》。

[5] 参见《内蒙古自治区人民政府关于推进农牧民合作社持续规范发展的意见》。

全水平",并对成员"广泛开展农产品标准化生产和相关技术规程的培训","使成员的标准化生产水平明显提高"。[1]西双版纳傣族自治州要求积极开展"三品一标"认证工作,逐步建立健全农产品质量可追溯体系。[2]以上这些规定,对于加强农民专业合作社的市场竞争力具有重要意义。

二、农民专业合作社法定扶持措施

根据现行《农民专业合作社法》第10条和第八章的规定,我国长期对农民专业合作社实施各项扶持措施,包括项目扶持、财政支持、税收优惠、金融、人才扶持以及产业政策引导,用地、用电优惠等。

在涉农项目扶持方面,2010年农业部等7个部门出台《关于支持有条件的农民专业合作社承担国家有关涉农项目的意见》中指出,经工商行政管理部门依法登记,依法规范运营,经营状况和信用记录良好,符合涉农项目管理办法的农民专业合作社都可以申请国家涉农项目。2012年,农业部副部长在全国农民专业合作社经验交流会上指出:"今后农业部负责的所有涉农项目,在同等条件下优先安排合作社承担。"[3]内蒙古自治区人民政府规定,国家和自治区农牧

---

〔1〕 参见《内蒙古农牧业厅、内蒙古发展和改革委员会、内蒙古科技厅、内蒙古司法厅、内蒙古财政厅、内蒙古商务厅、中国人民银行呼和浩特中心支行、内蒙古地税局、内蒙古工商局、内蒙古质量技术监督局、内蒙古国税局、内蒙古银监局关于开展农民专业合作社示范社建设行动意见的通知》。
〔2〕 参见《西双版纳州人民政府关于促进农民合作社规范发展的意见》。
〔3〕《农业部:涉农项目同等条件下优先安排合作社承担》,载人民网2012年7月3日,http://finance.people.com.cn/n/2012/0703/c70846-18436064.html,最后访问时间2020年3月15日。

业和农村牧区经济建设项目优先安排有条件的农牧民合作社实施，"国家补助项目形成的资产要逐步移交给合作社管护使用"。[1]黔东南苗族侗族自治州、黔南布依族苗族自治州等制定了专门的涉农项目资金管理办法。有的地区则采取了"以奖带补"的方式。例如，2019年贵州省发展珍贵树种苗木培育及林下石斛种植，下达任务要求黔西南布依族苗族自治州种植石斛2.4万亩，新造油茶8万亩，珍贵树种苗木600万株。黔西南布依族苗族自治州对按规定培育珍贵苗木，种植石斛、油茶的合作社采取"先建后补""以奖代补"的方式进行扶持，种植油茶、红椿苗、榉木等的合作社，每株奖励0.4元，种植林下石斛的每亩奖励400元。[2]

在财政扶持方面，2017年财政部出台的《农业生产发展资金管理办法》中规定，农业生产发展资金可用于农民专业合作社的发展，由各省进行申报并由各省自行统筹使用。2018年中央决算报告中，中央财政补助地方专项扶贫资金1 060.95亿元，比上年度增长23.2%。[3]2019年广西壮族自治区获得中央财政农民专业合作社发展资金共4 982万元，按各市、县（市、区）切块分配补助资金，由市、县（市、区）的农业、财政、水产畜牧兽医、林业、农机等部门组织公开申报和评审。[4]新疆维吾尔自治区每年安排2 000万元用于发展农民专业合作社。[5]甘南藏族自治州政府规定，县市级财政每年在一产首位产业专项基金中安排30%以上的资金用于鼓励农

---

[1] 参见《内蒙古自治区人民政府关于推进农牧民合作社持续规范发展的意见》。
[2] 参见《黔西南州人民政府办公室关于做好2019年黔西南州乡土珍贵树种苗木培育及林下石斛种植"以奖代补"工作的通知》。
[3] 参见《全国人民代表大会常务委员会关于批准2018年中央决算的决议》。
[4] 参见《广西壮族自治区农业农村厅关于印发2019年中央财政农民合作社发展资金项目实施方案的通知》。
[5] 参见《新疆维吾尔自治区人民政府关于加快农民专业合作社发展的意见》。

民专业合作社的发展。[1]

在税收优惠方面,根据国家法律和有关规范性文件的规定,农民专业合作社在出售成员生产农产品时视为农户自产自售,免收农产品增值税;合作社在向本社成员出售种子、农药、农机等农业生产资料时也免征增值税;增值税一般纳税人从农民专业合作社购进的免税农业产品,可按13%的扣除率计算抵扣增值税进项税额;合作社与其成员签订农产品和农业生产资料购销合同时免征印花税。[2]各地也出台了针对农民专业合作社的优惠政策。例如,宁夏回族自治区出台相关规定,"自2016年1月1日起,对各级社有企业,企业所得税地方分享部分实行'三免三减半'优惠政策","对宁夏供销集团及所属社有企业自用土地的城镇土地使用税和自用房产的房产税实行'三免三减半'优惠政策"。[3]新疆维吾尔自治区细化了国家关于农民专业合作社税收优惠的有关规定,将"农民专业合作社分级、整理、初级加工、包装、加贴品牌商标等不改变产品形状的农产品,视为自产自销农产品,免征增值税"。[4]甘南藏族自治州在国家税收优惠政策的基础上根据本地区实际情况新增了规定,"对从事农牧业机耕、排灌、病虫害防治、植物保护、牛羊保险以及相关技术培训业务,家禽、牲畜配种和疾病防治取得的收入免征营业税"[5]。

---

[1] 参见《甘南藏族自治州人民政府关于进一步加快农牧民合作社发展的实施意见》。
[2] 参见《财政部、国家税务总局关于农民专业合作社有关税收政策的通知》。
[3] 参见《宁夏回族自治区地税局关于贯彻落实自治区深化供销合作社有关税收优惠政策的通知》。
[4] 参见《新疆维吾尔自治区人民政府关于加快农民专业合作社发展的意见》。
[5] 参见《甘南藏族自治州人民政府关于进一步加快农牧民合作社发展的实施意见》。

在金融保险服务方面，2006年中国银监会出台了《中国银行业监督管理委员会关于调整放宽农村地区银行业金融机构准入政策更好支持社会主义新农村建设的若干意见》，之后每一年国家都出台了建立农村金融制度、完善金融机构的政策，致力于为农村和农业发展提供更好的金融服务。为了解决合作社和农业生产者"贷款难"等问题，2014年国家在5个省市试点合作社贷款担保保费补助。《2015年农业部部门预算项目指南》中规定，对担保率低于银行同期贷款基准利率50%左右的农民专业合作社担保业务给予补助。2018年国家为19万个农业项目担保贷款总额超过640亿元。[1]除贷款外，保险机构还为农民专业合作社提供多种形式的农业保险，并且鼓励合作社依法开展互助保险。2018年政策性农业保险为1.95亿户次农户提供风险保障3.46万亿元。[2]各地对于农民专业合作社的金融扶持主要体现在：一是对农民专业合作社进行综合评级授信，对信用等级较高的合作社实行贷款有限的政策。例如，新疆维吾尔自治区人民政府提出，"将对农民专业合作社法人授信与合作社成员单体授信相结合，采取'宜户则户、宜社则社'的办法"[3]。内蒙古自治区人民政府提出要对信用等级较高的农牧民合作社或各级示范社给予贷款利率、额度、时间等方面的优惠政策。[4]二是积极扩大对土地经营权、林权、农村房屋使用权等土地权利的抵押贷款试点，创新符合法律规定和实际需要的抵押贷款品种，鼓励政府扶持的担保公司为农民专业合作社提供担保等。例如，广西壮族自治区

---

［1］参见《全国人民代表大会常务委员会关于批准2018年中央决算的决议》。
［2］参见《全国人民代表大会常务委员会关于批准2018年中央决算的决议》。
［3］参见《新疆维吾尔自治区人民政府关于加快农民专业合作社发展的意见》。
［4］《内蒙古自治区人民政府关于推进农牧民合作社持续规范发展的意见》中规定："对信用等级较高的农牧民合作社或各级示范社，金融机构贷款优先、利率适当优惠、额度适当放宽、时间适当放长。"

人民政府提出,农民专业合作社金融贷款的抵(质)押物可以扩大到"农(副)产品订单、保单以及农用生产设备、林权、水域滩涂使用权等"。[1]三是鼓励农民专业合作社参加农业政策性保险。例如,新疆维吾尔自治区人民政府规定,对购买政策性保险的农民专业合作社予以一定的财政补贴。[2]

在人才扶持方面,国家开展了一系列针对农村农业技术人才和其他专业人才的培训计划,并且对支持农业发展以及合作社发展的大学生、专业技术人才等提供了补助。2011年,农业部联合其他4个部委制定了《现代农业人才支撑计划实施方案》,计划到2020年培养3万名农业产业化龙头企业和农民专业合作组织负责人,7万名农村生产能手,3万名农村经纪人;2018年还出台了《现代农业人才支撑计划项目资金管理办法》,对入选的农业科研杰出人才及其创新团队给予为期5年每年20万元的资金支持。新疆维吾尔自治区尤其重视农民专业合作社的人才支持计划,在《新疆维吾尔自治区实施〈中华人民共和国农民专业合作社法〉办法》第22、23、24条中规定了各项人才支持计划,包括要求"县级以上人民政府农业农村等主管部门应当将农民专业合作社人才队伍建设纳入农村实用人才建设规划",定期对农民专业合作社负责人及其骨干成员进行培训,鼓励和支持外出返乡农民工、高校毕业生、退伍军人和专业技术人员领办、创办农民专业合作社,鼓励大专院校、科研机构、技术推广机构等代培农民专业合作社专业人才等。内蒙古自治区规定高校毕业生到农牧民合作社工作的参照服务基层高校毕业生的相关规定

---

[1] 参见《广西壮族自治区人民政府关于加快发展农民合作社的意见》。
[2]《新疆维吾尔自治区人民政府关于加快农民专业合作社发展的意见》中规定:"对农民专业合作社作为政策性保险制度的实施单位,由各级财政予以一定的补贴。"

给予生活补贴和社会保险补贴,大学生村官和高校毕业生创办的农牧民合作社可依法认定为大学生创业园,享受创业补贴。[1]青海省对创办领办农民专业合作社大中专毕业生,3年内给予每人每月1 000元生活补贴。[2]

各地对农民专业合作社的扶持还有用电、用地方面、各项费用的减免,开通注册登记绿色通道等。除法律明文规定的扶持措施外,在国家大力发展农民专业合作社的倡导下,许多国企、私企制定了针对农民专业合作的扶持措施。例如,中国邮政集团启动惠农项目,与原农业部在信贷、保险、寄递、电商项目上进行重点合作,截至2019年9月底,为4 054家合作社提供了两项以上的邮政服务,打造标杆示范社185家。[3]阿里巴巴还在淘宝网上建立很多特色馆,如"伊犁馆""喀什馆"等,助力各地电子商务发展和农产品销售,这为农民专业合作社销售打通"最后一公里"发挥了不可取代的作用。

三、农民专业合作社示范社评定

《中共中央 国务院关于2009年促进农业稳定发展农民持续增收的若干意见》中首次提出"开展示范社建设行动"的要求;原农

---

[1] 参见《内蒙古自治区人民政府关于推进农牧民合作社持续规范发展的意见》。

[2] 参见《关于做好创办领办农牧民合作社大中专毕业生生活补贴等政策落实有关问题的通知》。

[3] 《中国邮政惠农合作项目现场会要求:协力同心抓落实 合作共创新业绩》,载中国邮政网2019年10月21日,http://news.dangjian.chinapost.com.cn/portal/jtyw/webinfo/2019/10/1573188595024837.htm,最后访问时间2020年3月15日。

业部联合10个部委局发布了《关于开展农民专业合作社示范社建设行动的意见》,提出依托部、省、市、县四级平台,择优扶持一批示范社。农业部发布了《农民专业合作社示范社创建标准(试行)》,各地也制定了示范社的评价标准。

各地对于农民专业合作社示范社的要求主要包括依法登记、民主管理、财务管理规范、经济实力较强、服务成效明显、社会声誉良好、获得标准认证优先等。[1]对于示范社的具体评定标准,则主要体现在运行时间、经济实力、服务成效和标准认证项目上。例如,广西壮族自治区要求示范社须运行2年以上;从事主要粮食作物(水稻、玉米)种植的农民专业合作社,注册成员30户以上,成员出资总额10万元以上,当年单季种植面积300亩以上;从事养殖业的农民专业合作社,注册成员20户以上,成员出资总额50万元以上,养殖销售额200万元以上;从事林业经营的农民专业合作社,注册成员15户以上,成员出资总额20万元以上,种植面积150万亩以上;其他从事种植业的农民专业合作社,注册成员50户以上,成员出资总额30万元以上,种植面积200亩以上;生产鲜活农产品的农民专业合作社须参与"农社对接""农超对接"等项目[2]。新疆维吾尔自治区评定示范社要求从事种养业的成员100人以上,其他类型成员50人以上,并有注册商标,获得绿色、有机或无公害认证、QS认证。[3]西藏自治区对于示范社评定较为有特色的标准有"合作社最近三年连续盈利,且资产负债率低于60%";合作社建立

---

[1] 参见《广西壮族自治区农民合作社示范社评定及监测办法》《新疆维吾尔自治区农业厅、新疆维吾尔自治区财政厅关于开展自治区农民专业合作社示范社创建工作的通知》。

[2] 参见《广西壮族自治区农民合作社示范社评定及监测办法》。

[3] 参见《新疆维吾尔自治区农业厅、新疆维吾尔自治区财政厅关于开展自治区农民专业合作社示范社创建工作的通知》。

具体的项目资产管护制度;农牧民用水合作社用水户 50 户以上,管理有效灌溉面积 300 亩以上,用水秩序良好等。[1]

被评定为示范社的农民专业合作社可以申请国家和地方的涉农项目,获得财政补贴和奖励,优先获得各种政策贷款。例如,广西壮族自治区对于示范社的奖励是通过按地区分配农民专业合作社专项补贴资金的形式,只有省、市、县级示范社才能申请这些补贴,不同等级的示范社获得的补贴金额不同。[2]新疆维吾尔自治区乌鲁木齐市则是对示范社项目进行补贴,如标准化生产经营建设、农产品质量建设、市场营销建设、设施农业标准化建设、农产品初加工建设、企农利益联营机制建设、农协社会化服务建设等,每个项目补贴 10 万元。[3]

---

〔1〕参见《西藏自治区农牧民专业合作社自治区级示范社评定及监测办法》。
〔2〕参见广西壮族自治区《自治区农业农村厅关于印发 2019 年中央财政农民合作社发展资金项目实施方案的通知》。
〔3〕参见《2014 年乌鲁木齐市扶持农民专业合作社发展专项资金项目申报指南》。

第三章
农民专业合作社治理中的法律问题

从《农民专业合作社法》的立法精神来看，帮助小农基于自身意愿组织起来参与到农村产业生产经营中，在实现农业规模化、产业化以及乡村振兴等国家发展战略目标的同时让小农分享到产业发展和合作社经营的增值利益，实现益贫性功能，助力脱贫攻坚，是促进和扶持农民专业合作社发展的主要目的。从该法的相关规定中明显可以看出法律对农民专业合作社内部民主管理和平等互利的倡导，以及对外来资本和非农从业者的限制。但从实践来看，在政策的鼓励引导下，农民专业合作社的组织者往往是企业、村集体或农村大户、能人，他们对商业利益有一定的潜在追求，对成员的带动是领导式的，对合作社的运营是主导式的。其优势是能够克服小农的局限性,更有效地实现国家理念与小农观念的对接,以及市场需求与生产经营的连接。但发展模式体现为效率优先于公平,有悖合作社的本质以及国家扶持合作社的初始目标。

第一节 农民专业合作社应然与实然之间的多重张力

季卫东认为当代中国通过立法来推动社会变革有两种基本类型:一是"基于计划理性的整体主义社会系统工程论的思路";二是"根据实践理性从法律试行的制度性安排"。[1]《农民专业合作社法》制定于2006年,其制定时间已远超第一种类型出现的立法计划时代,但在该法中仍然体现了一种符合社会系统的整体主义理念,特别是在合作社已经充分尝试多样化实践后,立法反而显现出回归合作社本质的规范性。这使得我国合作社实践与立法之间长期存在多重张力,两者各有优势,又无法妥协,最后表现为立法尽力呈现出规范之下的多种可能性,合作社实践充斥着各种乱象却依然生机勃勃。

一、产权冲突

作为特别法人,农民专业合作社有其独立的法人财产,法人财产依据法律规定必须明确每位成员的个人份额。同时,用于合作社

---

[1] 季卫东:《法治秩序的建构》(增补版),商务印书馆2014年版,第139-140页。

经营的还有部分成员的个人财产,所以合作社的产权呈现复合的形态。有学者认为合作社的产权是由集合的个人产权与集体产权复合而成。[1]也有学者认为合作社的产权是个人所有和集体所有相结合,实行集体占有、使用的经营关系。[2]理论上的产权关系可以有多重解释,但实践中的产权应当依据法律有明确的归属。

根据《农民专业合作社法》的规定,合作社的法人财产由"成员出资、公积金、国家财政直接补助、他人捐赠以及合法取得的其他资产所形成的财产"组成。[3]其中,产权关系最为复杂的是成员的出资。

第一,农民专业合作社成员的出资不要求实缴,货币出资情况不明,可能用于购买合作社所需生产工具或其他合作社财产,实缴程度不好掌握。

第二,非货币出资缺少专业的验资程序,财产和土地权属等出资的价值由成员(代表)大会商议决定,存在不稳定性。以土地权属出资即以土地经营权的未到期收益对合作社法人承担责任,[4]这部分收益换算成具体金额即成员应当对外担责的限度。实践中土地所能创造的价值是难以确定的,农民专业合作社大多是按照土地承包经营权流转的流转金价格来评定土地权利出资的金额,而在土地区位优势不明显的地区,土地出让金是极低的。例如,在南岭丘陵地区的农地出让金,靠近城镇的农耕区耕地约为300—500元/亩,交通

---

[1] 丁为民:《西方合作社的制度分析》,经济管理出版社1998年版,第106–107页。
[2] 石秀和:《论合作经济的性质及其发展前途》,载《财贸研究》1991年第4期。
[3] 参见现行《农民专业合作社法》第5条。
[4] 参见任大鹏:《土地经营权入股合作社的法律问题》,载《农业经济与管理》2015年第5期。

不便、耕地较少的地区耕地的出让金约为 100—300 元/亩，这些地区人均耕地 1—3 亩，换算成合作社出资的价格很低，这导致土地的评估价与土地为合作社所创造的价值相距甚远，以土地作价出资的成员利益得不到应有的体现。

第三，合作社成员以土地出资的，土地承包经营权的归属比较复杂。在《农民专业合作社法》修订前，农村土地承包经营权出资缺乏上位法依据，各地地方立法对这一问题进行了创新规定，如浙江、安徽、江西、辽宁、山东、山西、新疆等省份的立法允许土地承包经营权入股合作社；黑龙江、四川等地采取土地承包经营权预期收益入股的形式；海南、江苏等地率先规定了以土地经营权入股等。土地承包经营权出资的主要问题在于土地权属是否发生流转，如果将土地流转给合作社，那么承包户就面临着丧失土地的风险；如果不流转给合作社，那么这种出资是否到位，土地使用权是否属于合作社？这些问题使得合作社的产权很难界定，产权冲突由此产生。现行《农民专业合作社法》采用了以土地经营权出资合作社的方式，这是在《农村土地承包法》新增农地"三权分置"内容后的一种创新制度，其优势在于土地经营权的流转不影响土地承包权的稳定，优先保障了土地承包户的利益，也维护了家庭联产承包责任制的稳定；同时，明确土地经营权的让与也保障了合作社完整享有对承包地的使用、收益权，维护了合作社在土地上的利益。这一规定在明晰合作社产权上有重大的进步，但仍未扫除合作社因产权问题而产生的发展障碍。

从以上分析可以看出，成员出资在农民专业合作社法人财产中基本体现为成员账户中的数字，由合作社实际掌控的动产、不动产、土地权属等都很少，这严重影响了农民专业合作社的融资能力和偿债能力。一方面，农民专业合作社贷款时缺少有价值的抵押物，另一方面，资本报酬有限、管理权有限使得合作社对内、对外融资的前景都不乐观。现阶段，我国农民专业合作社解决资金需求的途径主要是寻求政策性资金或债务融资，国家出台了各种金融扶持政策帮助合作社融资贷款，但考虑到农民专业合作社法人是一个资产较少、组织极为不稳定的法人主体，金融机构，尤其是商业金融机构对其还款能力缺乏信心。有学者统计了湖南省内60家农民专业合作社的融资情况，发现获得银行贷款的只有10家，大部分合作的社运营资金仍是成员的出资。影响合作社获得贷款的最大因素在于缺少抵押物，据统计，农村信用社、农业商业银行等农村金融机构发放贷款时，约有85%的情况要求有财产抵押担保。[1]还有学者调研了浙江、山东、安徽、湖南、四川、宁夏6个省区的645个农民专业合作社，发现有70%的合作社没有获得任何形式的融资，其原因包括"银行业对农业投入资金即融资的歧视""专业合作社章程中有资金及融资方面的缺陷""政府缺乏支持合作社发展的有效融资政策"等。[2]对财产抵押的要求严重影响了合作社获得贷款的成功率。

从农民专业合作社发展实际来看，发展情况好，有足够财产进行抵押融资贷款的合作社往往不需要融资贷款；发展状况一般需要融资贷款的合作社因缺少抵押物而无法获得贷款。而且，发展状况一般的合作社大多对其前景感到迷茫，不愿也不敢进行融资贷款。例如，南岭地区某乡在营的5个合作社，其中茶叶合作社发展状况极好，合作社的土地都由理事长以合作社的名义完成了土地流转，合作社运行资金主要依靠股东出资以及政策补贴，理事长表示合作

---

[1] 郭媛媛、童礼、李继志等：《农民专业合作社的融资问题分析——以湖南省60家农民专业合作社为例》，载《安徽农业科学》2015年第21期。
[2] 王吉鹏：《我国农民专业合作社财政扶持政策效应研究》，中国农业科学院2018年博士学位论文，第33页。

社不需要进行贷款；另外 4 个种植类合作社发展情况一般，合作社的资金全部依靠股东的出资，这几位理事长都表示融资困难、还款困难，不愿意以借贷的方式扩大再生产，更愿意"有多少钱做多少事"。有学者通过对湖南省怀化市、常德市和郴州市三个地区 92 家农民专业合作社进行调查发现，农民专业合作社债务融资与合作社的规模、成员平均工作年限、盈利性呈现负相关关系，即经营情况越好、财务管理越规范的合作社对于贷款的需求越小。[1]这是农民专业合作社这种组织形式所面对的固有困境，农业的生产周期长、回报率不稳定，小农承担风险的能力差等因素导致农民专业合作社的利润低，发展不稳定，合作社成员不愿意承担通过借贷扩大再生产所带来的风险。农村土地缺少市场流通性，无法作为一般的财产进行估价，合作社缺少有价值的法人财产，也就缺乏偿债能力。商业金融机构由于农民专业合作社无财产抵押，或其抵押财产变现难而不愿承担收息收贷的风险，其主动为农民专业合作社放贷的积极性也不高。

二、成员分化

农民专业合作社作为兼具公益性和私益性的特别法人，承载着两项重要功能：一是帮助我国广大小农生产者成为合格的市场主体，实现产业联合，获得增值收益；二是使我国的支农惠农政策能够落实到小农生产者中，这就要求农民专业合作社的成员身份应当符合

---

[1] 参见杨亦民、马兰君：《资产专用性对农民合作社债务融资的影响》，载《湖南农业大学学报（社会科学版）》2019 年第 5 期。

法律规定的以农民为主,其运行方式也应当符合益贫性和普惠性的原则。但考虑到农民专业合作社的发展需要,《农民专业合作社法》在对于成员身份的规定上给予了合作社一定的自治空间,除成员民事行为能力、从业方向、农民成员占比等方面的基本限制外,成员身份认定属于合作社意思自治的范畴,也就是说在不违背法律基本规定的情况下,允许何人入社,如何入社,成员身份判断,都由合作社决定。这导致成员与非成员之间边界模糊,成员内部也因为资源禀赋的差异而出现了明显的分化。

农户兼业化(户内工农分业、在农业上从事多种经营)是30年来农村经济发展历程的逻辑起点,这一现象导致了农民收入的变化,从而出现了大农和小农之分,政府推动资本下乡的过程中选择了"大农带小农""公司+农户"等更具效率的合作社发展模式。[1]但这一模式也导致了合作社中出现了两种资源禀赋差距极大的成员,即出资成员和非出资成员。出资成员大多是被各方力量"邀请"来带领合作社的大农、精英,他们在合作社中一般被称为股东。股东大多是合作社的设立人,也有合作社成立后经过合作社股权变动后的新进出资人,他们承担了合作社的绝大部分出资,对合作社的发展有着明确的目标,也主导着合作社的发展,顺理成章地成为了合作社理事会的成员。根据学者2007年对浙江省11个市中的526家农民专业合作社调查,理事、监事与十大股东重合度为54.64%,合作社前十大股东的平均股份占比为65.47%,理事会全体成员平均股份占比54.17%。[2]也就是说,大部分合作社的出资人和实际控制人基

---

[1] 仝志辉、温铁军:《资本和部门下乡与小农户经济的组织化道路——兼对专业合作社道路提出质疑》,载《开放时代》2009年第4期。

[2] 徐旭初、吴彬:《治理机制对农民专业合作社绩效的影响——基于浙江省526家农民专业合作社的实证分析》,载《中国农村经济》2010年第5期。

本重合，大股东在合作社中股权占比过半。非出资成员大多通过为合作社提供必要的劳动或是产品而成为成员。

出资成员与非出资成员的角色分化使得合作社呈现出一种出资者与劳动者分开的形式。股东作为出资人，主要致力于合作社的组织、经营、管理和发展，很少或不参与劳动。非出资成员则通过与合作社交易，或为合作社劳动来换取收入。于是实践中，合作社股东的关系变成了合伙关系，由股东组成的理事会掌握合作社的管理权、控制权，负责合作社的日常管理，根据各自股份分配合作社的盈余，而非出资成员则成为合作社的雇员，通过劳动赚取收入。合作社非出资成员的雇员化又进一步导致了合作社成员与非成员的混淆。现行《农民专业合作社法》要求，加入农民专业社的成员应当向理事长或者理事会提出书面申请，经成员大会或者成员代表大会表决通过，合作社应当为成员创建独立的成员公积金账户，记录成员的出资、公积金份额、交易量（额）等。实践中很多合作社并未依法履行各项手续，将愿意与合作社进行交易的人都称为成员。所谓合作社的盈余返还在合作社与成员交易并支付对价的过程中就完成了，这使得非出资成员与非成员没有太大的区别。

以上两种合作社成员角色分化、混淆的现象在实践中主要造成了三个问题。一是非出资成员的表决权受到侵犯。依据法律的规定，农民专业合作社成员在成员大会中享有一人一票的投票权，成员通过这一投票表决权来参与合作社的经营管理和发展规划，同时维护自身的权益。出资成员垄断合作社的控制权后，非出资成员对于合作社的日常经营、管理和发展都丧失了话语权。二是非出资成员的实际利益受到侵蚀。依据法律规定，合作社的盈余主要按照交易量（额）进行分配，可分配盈余中的40%可以采取其他分配形式。但在实践中,合作社中出资成员与非出资成员获取收益方式有所不同,很难判断各自的收入比例。非出资成员通过与合作社交易或者为合作社劳动直接结算收入,出资成员则根据各自股份进行分红。从表面上看,如果合作社支付给非出资成员的对价合理且稳定,非出资成员承担合作社运营成本和风险,对盈余部分进行分红,合作社这两种收益方式并未显现出过大的差距。而且对于很多参与合作社劳动的成员而言,按劳计酬、现钱直接到手是他们更欣赏的收入方式,而股东享受合作社分红的同时也承担着经营成本风险、市场波动等,例如,很多收入不稳定的合作社,对成员工作按月发工资,一点不能少,但股东要追加投资或借款来承担经营中的成本风险和经济损失。这种盈余分配模式是有悖于合作社本质的,"资本实际上攫取了合作社大部分收益而将成本均摊给每个成员。所谓的资本与农户依托合作社实现的'双赢',不过是资本为了维持完整的产业链垄断而分给成员极小一部分收益"。[1]三是国家支农款项被大农和资本方截留。依据法律规定,国家财政直接补贴以及扶持款应当按比例量化到成员的份额中,按比例分配给成员。但由于股东们掌握着整个合作社的控制权,他们在向国家申请补贴时将与合作社交易的小农以及为合作社工作的雇工统统算作合作社成员以壮大合作社的体量,套取国家补贴后又只在股东范围内进行分配,这使得国家补贴完全没有落到农户身上。非出资成员大多也不知道合作社享有哪些国家优惠,获得了哪些扶持款项,自己的合法权益被侵犯也全然不知。

---

[1] 李云新、王晓璇:《农民专业合作社行为扭曲现象及其解释》,载《农业经济问题》2017年第4期。

三、退社权行使的现实阻碍

退社权是对成员各项权利的最基础保障。农民专业合作社是成员自愿联合而成的组织，除合作社的设立人在组成合作社时对章程有一定的商讨余地外，之后加入合作社的成员都默认章程的规定。虽然根据《农民专业合作社法》和大部分章程的规定，成员（代表）大会拥有调整合作社经营和成员权利义务的职能，成员也都享有一人一票的表决权，但在合作社的实践中，普通成员很难有机会和权利去影响合作社的经营和利益分配。因此，退社权成为成员保障自身权利的重要途径，当成员对合作社的决议有异议，或认为合作社的行为对自身权益有侵犯时，都可以通过行使退社权来保障自身的权益，及时制止可能或已出现的损失。退社自由是成员权利的重要保障，也是提示和矫正合作社内部治理缺陷的重要途径。

退社自由即成员要求退出农民专业合作社的行为不需要任何人批准，也不得被任何人阻拦。成员资格终止后，合作社须退还成员出资额、公积金以及当年应分配盈余；成员应分担合作社的亏损和债务，完成之前与合作社签订的合同。各国法律法规对于成员退社有一定的程序要求，但对于"退社自由"的理解是一致的，即无论有哪些前置程序或后置程序，成员退社无须任何机关、组织或人的批准，只要成员要求退社，在经过简单的申请或告知程序后成员即可退出合作社，终止其成员资格。《农民专业合作社法》中唯一影响成员退社的特殊情形是合作社因章程规定事由出现而解散或法院受理合作社破产申请。

虽然我国法律规定了退社自由的原则和途径,但成员行使退社权时却有很多现实阻碍。我国农民专业合作社大多涉及两项最重要的生产要素即农村土地和农民。农村土地的流转和使用都有严格的法律规定,以土地承包经营权或土地经营权入股农民专业合作社,土地权属的流转受到用益物权或债权的严格限制。例如,某茶叶合作社中,农户与合作社签订土地流转合同,将土地承包经营权流转给合作社,期限为30年,合作社已一次性支付30年的土地流转金,农户可以在合作社劳动,按天计酬。这种情况下即使成员要求退出合作社,其土地仍受合同约束不能收回,退社没有实质意义。成员以土地经营权入股合作社,退社时可以收回土地自行经营,但退社需要承担违约责任以及合作社前期在土地上的投入的赔偿责任等,涉及的因素也比较复杂。另外,有很多以村集体或村组为单位成立的农民专业合作社,农户在村组负责人或村干部的游说下加入合作社,出让自己承包地的经营权,除非合作社经营不善破产清算,否则成员很难收回承包地自主经营,退社权实际上也无法行使。近年来,各地农村新成立了很多以贫困户为主体的农民专业合作社,贫困户全体入社是每个村寨的政治任务,例如,某飞地经济合作社是贫困户以扶贫单位给的每人1 600元扶贫款入股成立的,全体贫困户都加入了合作社,贫困户如果愿意为合作社工作的,可以获得另外的工资,不愿意或不能参加劳动的,也可在家坐等"分账"。这样的农民专业合作社成员的退社权几乎无法行使。

四、按交易量(额)分配盈余的局限

按交易量(额)分配盈余一直被视为体现合作社本质的重要因

素,是维护合作社人合性和按劳分配属性的重要途径。合作社的盈余与营利法人的利润有较大的区别,利润最大化是营利法人追求的终极目标,合作社的盈余则是合作社与成员交易过程中"多收"或"少付"的部分[1]。根据合作社的人合性以及为成员服务的性质,这部分盈余按比例分配给成员是合作社服务成员本质属性的体现。依据交易量(额)分配盈余的公平性有一个前提,即成员的出资一致,否则对于多出资的成员来说不公平。但在实践中,合作社的发展需要基础资金的支持,需要购置各种必需的生产资料,需要支付运营成本。少量的入社资本和当年盈余能覆盖全部成本只是理想状态,更多合作社在起步阶段需要持续地投入,这就使得成员对合作社的出资出现差异且差异不断扩大,以交易量(额)进行盈余分配的方式变得有失公平。为应对合作社发展需要,现行《农民专业合作社法》规定,合作社的可分配盈余是弥补亏损和提取公积金之后剩余的部分,可分配盈余按交易量(额)比例返还给成员的部分不得低于可分配盈余的60%,剩余的部分可根据出资额、公积金份额和其他财产量化为成员的份额的比例进行分配,这种分配模式在尽可能地保持合作社的人合性,防止其异化为合伙企业或股份公司的基础上,兼顾资本投入在合作社中的公平性。但这种固定的分配模式也有一定的局限。

第一,按交易量(额)分配已无法适应实践中合作社的诸多变化。合作社最初的目的是为成员提供服务,盈余返还实际上体现了合作社不在成员身上营利的特性。但随着合作社的发展,其功能也逐渐多样化。农民专业合作社的主要职能不仅仅是为成员服务,而

---

[1] 参见李锡勋:《合作社法论》,三民书局股份有限公司1982年版,第118-119页。

且更重要的是整合农村生产资料，发展现代集约型农业，促进农业的现代化。新出现的土地股份合作社、乡村旅游合作社、农村社区合作社则不仅具有发展经济产业的功能，还具有集体组织的社会整合和社会保障功能，很多农民合作社已经超越了小农生产并与合作社交易模式，升级为合作组织经营集体财产或合作社农户分工协作共同发展模式，成员与合作社的直接交易越来越少，以交易量（额）为基础的分配规则越来越难实施。例如，某种养专业合作社中，村组以合作社为平台集中了全体成员林地的林下经营权，与另一个企业合作，共同成立新的项目公司，合作社法人和企业法人在项目公司的框架下共同利用合作社的财产，发展生态养殖和其他产业。这类土地股份合作社成员大多不独立从事生产活动，也就不存在与合作社的直接交易，盈余分配只能根据其出资的占比来进行。某旅游合作社的全体成员根据合作社的安排分工协作，共同为游客提供服务，合作社的成员向合作社提供劳务而非产品，也无法严格适用按交易量（额）分配的原则。还有农村社区股份合作社，成员以身份和生产资料换得合作社的股份，不参与劳动，但享受合作社的利润分红。以上这些合作社的分配方式有按劳分配和按股分配，已经完全超越了按交易量（额）分配的范畴。现阶段国家法律无法给这些农民合作社以明确的定位和具体的管理规范，内部治理由合作社自行约定。

第二，资本报酬有限影响合作社的发展效率。合作社的成立和经营必然需要成本。我国大量农民专业合作社的出资、增资都是由合作社的设立人或核心成员完成的。合作社设立大多基于设立人的意愿，他们通过投资建立合作社吸引普通成员利用合作社服务、共同推动合作社的发展。据调查，我国87.22%的合作社出资由核心成员提供，普通成员入社无须出资。[1]例如，某刺绣农民专业合作社是理事长全资设立的合作社；某茶叶合作社理事长出资占比33%，前两大股东出资共占比45%；某药材种植合作社理事长出资占比75%。这些合作社的理事长和设立人在建立合作社时并不是为了短期的盈利，而是考虑合作社的长期发展带来的回报，但是单靠设立人出资对于合作社的发展来说是不够的，很多合作社都受限于资金而无法扩大生产。成员单独注资合作社依据法律规定只能获得有限的资本报酬，与投资企业的预期利润差距甚远；由成员共同追加出资又面临着民主决策的成本和失败的风险；向第三方融资或向金融机构贷款则考虑到合作社的产权不稳定，可用于抵押的财产有限，融资、贷款都有相当的难度。总的来说，在商业领域限制资本回报率对于农民专业合作社的发展效率有很大影响。

五、扶持标准同质化

国家历来十分重视对农民专业合作社的扶持，2004年起的中央一号文件中都强调要支持农民专业合作组织的发展，《农民专业合作社法》颁布后，农民专业合作社的扶持措施被法律确定下来，2017年修法时还新增了关于扶持措施的条款，可见国家对农民专业合作社发展的重视。根据《农民专业合作社》第10条的规定，国家对合作

---

[1] 孔祥智、石冰清、钟真等：《中国农民专业合作社运行机制与社会效应研究——百社千户调查》，中国农业出版社2012年版。转引自孔祥智、周振：《分配理论与农民专业合作社盈余分配原则——兼谈〈中华人民共和国农民专业合作社法〉的修改》，载《东岳论坛》2014年第4期。

社的扶持包括财政支持、税收优惠、金融扶持、技术扶持、人才扶持、产业政策引导等。大部分扶持措施都是在农民专业合作社的运营中给予少量的优惠,扶持力度最大、对农民专业合作社帮助最大的还是各级人民政府给予农民专业合作社的财政补贴。农民专业合作社所享受的财政扶持主要有六种类型:一是针对农业生产的补贴,包括粮食补贴、农资综合补贴、良种补贴、农机补贴等;二是针对土地规模经营的补贴,政府对于土地流转给予一次性的奖励,一般是100—200元/亩,对于土地整理也有相关补贴;三是鼓励设立合作社的补贴,即各地为鼓励农户踊跃成立合作社而进行的一次性奖励;四是合作社规范运营的补贴,各省级人民政府也制定了合作社示范社评价办法和奖励办法;五是产业项目支持,对于一些特色产业项目发展,政府提供专项政策资金和专项政策,供农民专业合作社申请使用;六是区域政策扶持,国家为完善各地的农业产业建设,出台了"农业产业强镇示范建设""农业综合开发"等扶持政策,针对特定区域和特色产业的相关合作社进行定向扶持。

从政策供给上看,国家和地方都对农民专业合作社的发展提供了全方位的扶持和帮助,形式上非常全面。但实地调研结果显示,大部分合作社都表示政策扶持不到位。有学者调查了浙江、山东、安徽、湖南、四川、宁夏6个省区的645个农民专业合作社,发现获得了财政扶持的合作社只有321个,占调查合作社总数的49.8%。在未获得项目扶持的324个合作社中,有45%的合作社对国家提供的各项优惠政策不了解。[1]本书第五章提到的合作社中,由农户自

---

[1] 王吉鹏:《我国农民专业合作社财政扶持政策效应研究》,中国农业科学院2018年博士学位论文,第30-32页。

己创办的合作社均表示未获得国家的补贴,理事长个人能力和管理能力较强、成员较多的合作社,如某刺绣农民专业合作社和某茶叶专业合作社通过自己的努力向有关部门申请到了部分补贴;由贫困村村委会或村组创办的合作社享受精准扶贫的有关补贴,但补贴金额直接打到农户的账户上,合作社需要通过和成员协商将这部分资金用于合作社的整体发展。

之所以会出现上述情况,是因为国家对于农民专业合作社或农业生产的专项资金分配到地方财政后,地方下发形式大多是通过评选示范社下发或特定项目"以奖代补",奖励或补助的对象往往是那些规模较大、成立时间较长、各方面已经发展成熟的农民专业合作社。有学者将政府资金帮扶农民专业合作社发展的行为称为"部门下乡",认为"农户经济组织化部分符合资本和资本化的部门的利益",在资本和部门利益的驱动下,"扶持大农、压制小农"成为政府部门扶持农民专业合作社的选择,"扶持大农建立'假合作社'比建立普惠制的扶持机制或建立一个更严密的遴选机制,行政成本要低很多"。[1]因此,实践中农民专业合作社的规模越大,获得的各种认证和奖励越多,获得财政补助的可能性和数额也就越大。评为示范社是大多数地区获得其他专项资金扶持的前提,很多地方文件都进行了明文规定,例如,重庆市发布了2019年申报中央财政农业生产发展资金的有关通知,其中要求申报项目资金的须为国家级或市级的示范社;四川省要求申请项目资金的为近三年未实施中央农业生产发展项目的省级示范社和市级示范社;福建省有资格申请这一项目资金的是省级以上示范社,而且补助方式是

---

[1] 仝志辉、温铁军:《资本和部门下乡与小农户经济的组织化道路——兼对专业合作社道路提出质疑》,载《开放时代》2009年第4期。

"先建后补"。

过于关注经营规模的财政补贴方式使得我国农民专业合作社的发展陷入"马太效应",农民专业合作社在形式规范的前提下,资产越丰厚、成员越多,获得的补贴越多,而那些发展程度低,规模较小,需要扶持的合作社反而得不到财政的支持。这一方面抬高了农民专业合作社的经营门槛,加速了资本有限的小型农民专业合作社的死亡,另一方面也会限制小型特色产业合作社的出现和发展。例如,山区的农村体量较小,发展水平较低,发展同质化的种养殖业受制于土地等生产资料有限,很难形成规模,发展特色产业又得不到合作社专项资金或项目的扶持,合作社的寿命大多不长。这些都是国家和地方针对农民专业合作社的扶持标准同质化和僵化所带来的问题。

第二节 农民专业合作社的行政管理问题

国家对于农民专业合作社的监管总体上坚持了规范性和包容性并重的原则,在保护农村土地承包关系以及农民专业合作社基本性质的前提下,激活农民专业合作社的发展形式,支持合作社的创新发展。但由于过去中央政策性文件大多强调"大力发展农民专业合作社",为加快合作社的数量和规模增长,行政管理部门对于农民专业合作社的监管一直比较松散,实践中大量合作社未实际运行,很多"假合作社""空壳社"在套取国家财政补贴。现行《农民专业合作社法》在第1条立法目的中将法律对合作社的"规范目的"提到了"促进目的"之前,就是为了强调规范农民专业合作社发展的重要性。从实践情况来看,我国农民专业合作社的行政管理仍存在以下三个问题。

一、登记审核的形式化

农民专业合作社注册登记时,注册机关需要对合作社的各项设立要件进行审核,以保证合作社的合法性。首先,登记申请书中须注明合作社的基本信息,包括名称、住所、业务范围、出资总额、设立人以及成员的名单、成员身份占比等内容,以便登记机关审核该合作社中农民成员的占比是否符合法律规定。其次,合作社登记时提交的设立大会纪要和章程以及上面全体成员的签字和盖章,明确了合作社是成员自愿组织而成,其章程内容载明了合作社的内部治理是否符合法律规定。最后,全体出资成员签名盖章的名册展示了合作社出资总额的合法来源,明确了每位成员所承担的责任。

以上对于农民专业合作社的注册登记审核都是从形式层面进行的,实际操作中的程序可以通过填表的方式解决。例如,某药材种植合作社的理事长回忆合作社设立程序时提到,他们成立合作社只要找五个人协商出资额、填表、签字即可,章程可以用市场监督管理局提供的模板,把合作社的名称、地址、出资等信息填进去就行,登记不验资,也不收费。还有的合作社的成立也不完全出于经营或获利的考虑,而是乡政府摊派给村里的任务。例如,某地乡政府为落实上级部门文件,要求每个村必须有一个合作社,很多村以村委会的名义注册合作社,村支书为理事长,村干部为成员,注册后并不实际运行。

综上可以看到，从注册登记角度来说，国家对于合作社的管理是较为宽松的，农户只要有意愿都可以申请注册合作社，程序简单，几乎不需要成本。很多合作社的发展预期不是增加生产经营收入，而是申请国家的政策补贴。对于一些涉农企业而言，成立农民专业合作社能够减免税费，这也是巨大的诱惑。

根据法律的规定，农民专业合作社法定登记事项变更应当申请变更登记。这要求合作社自行去登记机关更改。但实践中，有的合作社无论社员如何变化都未到登记机关进行成员名单的更改备案，有的合作社只在出资成员发生变更时才对成员名单做更改备案。从这种行为可以看出，很多农民专业合作社更多的是将自己看作一个企业，更重视资本的变更而非成员的变更，这也使得农民专业合作社长期存在成员边界不清、内部管理不规范等问题。

二、规范化监管的漏洞

《农民专业合作社法》开始实施后，农民专业合作社规范化运营就成为行政部门监督和管理农民合作社的重点。国家对于农民专业合作社规范化的发展经历了从财务监管到内部运营监管、从被动监管到主动监管的发展过程。从行政管理部门对合作社的监督内容的变化可以看到，国家对于农民专业合作社规范化运营的要求越来越严格。2019年9月，中央农村工作领导小组办公室、农业农村部、国家发展改革委等11个部门印发了《关于开展农民合作社规范提升行动的若干意见》，要求完善章程制度、健全组织机构、规范财务管理、合理分配收益、加强登记管理，并且开展"空壳社"专项清理。

但在实践中,行政管理部门对于农民专业合作社的审查方式大多是形式化的。负责农民专业合作社管理和数量统计的是当地乡政府的农业经济经营管理站。农业经济经营管理站审查农民专业合作社是否在营的标准很简单:其一,是否有营业执照;其二,是否有往来账;其三,是否依法缴税。这些信息一般要求合作社自行上报,或是农业经济经营管理站工作人员给合作社理事长打电话确认。这就使得上报的在营合作社数量远超标准化经营的合作社数量。而且,农民专业合作社的在营数量与当地政府的农村工作完成情况挂钩,很多农民专业合作社本就是在政府完成上级任务的要求中建立的,政府显然也缺乏对合作社进行严格监管的动力。另外,各地经营得比较成功的农民专业合作社,能够在形式上做到标准化,但是在实际运作中也存在一些问题,特别是在民主管理、一人一票、监事会运行以及成员(代表)大会召开等方面,大多存在程序上的疏漏,但这些疏漏都不影响其因为经营规模大、经济效益好而获得政府的补贴。

由此可以看出,实践中对于农民专业合作社运营情况和规范化程度的监管和评价存在一定的问题,评价标准也主要是农民专业合作社的外部特征,并未对其内部运营进行有效的监督。

三、示范社评定的偏差

原农业部发布的《农民专业合作社示范社创建标准(试行)》对示范社提出了五项要求:一是民主管理好,注册登记满两年,内部运行完全符合《农民专业合作社法》的规定;二是经营规模大,各地对农民专业合作社示范社的成员、注册资金、土地面积、年营业额等都有具体的规定，一般要求经营规模大于本地区同行平均水平；三是服务能力强，入社人数高于地区同行平均水平，统购统销，为成员服务率超过50%，有稳定的销售渠道；四是产品质量优，产品质量安全可追溯，有优质产品认证；五是社会反响好，无不良记录，成员收入高于本县域同类农户收入30%以上。2012年原农业部发布了第一批农民专业示范社名单，之后每两年进行一次部级农民专业示范社评比。各省、市、县有各自的示范社评定指标的大多也从以上五个方面进行要求。

示范社的评定意在为农民合作社的发展提出一种标准的、值得推广的模式，通过对示范社的扶持带动其他农民专业合作社向这一方向发展。但从以上标准可以看出，示范社的评定主要针对合作社的规模方面，出资额越大、成员越多，获得示范社称号的可能性越大。这使得实践中很多合作社以规模为目标，成立合作社后一味地流转土地或是吸纳成员，然后等待国家政策给予补贴，并不考虑实际运作成本和规范，这也是我国很多合作社成立一两年后就空置不经营的原因。

第三节　农民专业合作社的司法保障问题

农民专业合作社是具有法人资格的经济组织，是从事各类经济活动的民事主体。有经济活动就可能发生民事纠纷，涉农民专业合作社的司法纠纷类型非常复杂。通过最高人民法院"中国裁判文书网"查询涉及合作社的案件，笔者发现法院系统中并无专门涉农民专业合作社内部纠纷的专列案由，但自《农民专业合作社法》实施以来，涉合作社的案件数量急剧上升，截至2023年12月15日，与合作社有关的一审民事案件共计20万余件，行政案件0.4万余件（见图3-1）。[1]对不同案由数量进行排序后发现，排名第一的是合同纠纷，包括买卖合同纠纷、借款合同纠纷、租赁合同纠纷、建筑工程合同纠纷、农业承包合同纠纷以及劳务合同纠纷等；排名第二的物权纠纷中主要涉及用益物权纠纷和所有权纠纷（见图3-2）。这反映出在司法实践中农民专业合作社的内外部经营大多是通过合同来完成的，涉农民专业合作社的合同纠纷与常见的其他主体之间的民事合同纠纷没有太多区别。下文对合作社常见的合同纠纷进行分析。

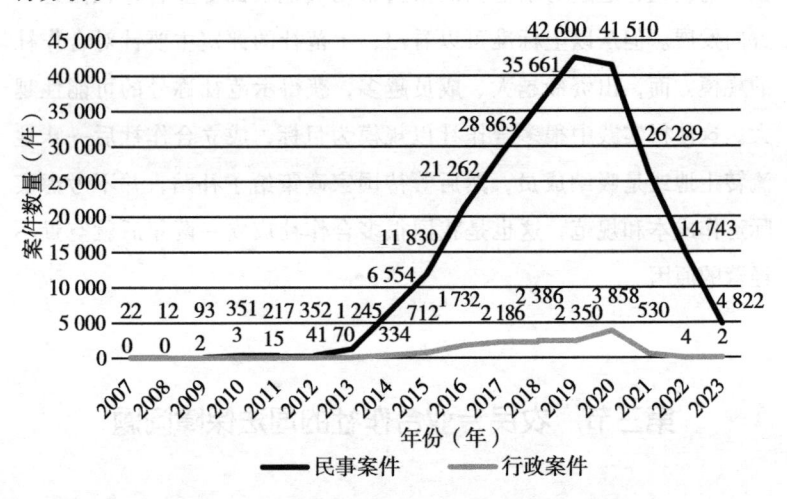

图3-1 涉合作社一审民事案件与行政案件数量（2007—2023年）

---

[1] 数据来自中国裁判文书网，以"合作社"为案件名称进行检索，考虑到中国裁判文书网上同一个纠纷可能有一审、二审、再审等多份文书，故以一审案件的数量为准。

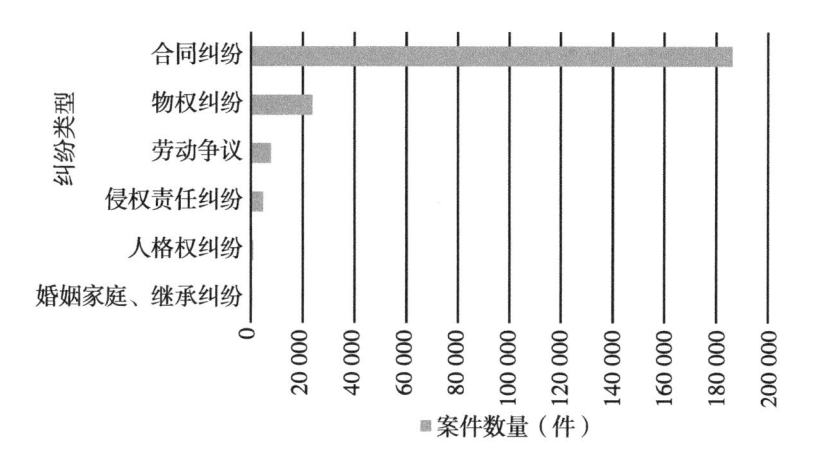

图 3-2 涉合作社民事案件类型（2007—2023 年）

一、农民专业合作社服务合同纠纷

实践中常见的农民专业合作社所从事的经营项目是向农户提供种苗、化肥等生产资料，指导农户种植，并统一收购农户的产品进行售卖。农村指导种植或提供农业技术服务的行为大多是通过口头约定，很少签订正式的服务合同，故很容易产生农民专业合作社服务合同的纠纷，发生纠纷之后农户经常处于弱势一方。下面通过两个案例来进行具体的说明。

案例一：被告马铃薯种植农民专业合作社对成员承诺统一供应化肥及种子，统一耕种，统一提供技术指导服务，保证每亩产量 6 500 斤以上，统一通过支付现金回收马铃薯，回收价不低于每斤 0.80 元。原告刘某从被告处购买马铃薯种 10 579 斤，每斤 1.9 元，共支付 20 100 元，并购买化肥 104 袋，每袋 180 元，共计 18 720 元。合作社派农机为刘某统一种植 35 亩，并发给刘某相关技术书籍。种植期间，合作社还让其他成员到原告的种植现场参观。马铃薯在生长过程中出现问题，合作社通过电话的方式对原告进行了技术指导。秋收时，马铃薯因块小、色泽差被合作社拒绝收购，全部在地里腐烂。原告发现被告系 2011 年农业部公布的 13 起假劣农资典型案例之一的涉案当事人，故诉称合作社销售的是劣质马铃薯，要求合作社赔偿经济损失。一审法院认为原告未对其种植的马铃薯品种进行鉴定，无法证明合作社销售给原告的马铃薯与之前涉假劣案的马铃薯是同一批货物，证据不足，驳回原告诉讼请求。原告提起了上诉，二审法院认为一审法院未查明被告销售给原告的是否系假劣马铃薯，故发回一审法院重审。[1]

案例二：2017 年原告黄某、朱某流转承包水田 316 亩种植杂交水稻，并与被告某合作社签订水稻病虫害专业化统防统治承包合同，约定由合作社承包黄某、朱某水稻，实施从栽种到收割前的常见病虫害防治服务，保证将常见病虫害损失率控制在 5% 以下。2017 年 8 月中旬合作社第二次对黄某、朱某的承包地进行飞防服务后三天，打药部分的丘块禾苗开始枯萎。黄某、朱某遂通知合作社，合作社派人查看后一直未回复，导致黄某、朱某的晚稻失收 35 亩，半失收 50 亩，遭受经济损失 108 000 元。一审法院认为原告黄某、朱某证据不足，驳回其诉讼请求。二审法院认

---

[1] 上蔡县人民法院：《刘某与上蔡县和谐马铃薯种植农民专业合作社产品责任纠纷一审民事判决书》，(2015) 上民一初字第 1742 号。

为，黄某、朱某对打药与田地减产的关联未提供专业人员鉴定结果，无证据证明水稻减产的真实原因，故驳回上诉、维持原判。[1]

以上两个案例都属农民专业合作社服务合同纠纷。案例一中合作社与农户未签订合同，案例二中合作社与农户签订了合同，两者都以农户败诉而告终，败诉的理由都是农户方证据不足。农业生产所涉及的因素众多，农业服务又具有一定的专业性，除非农户提交专业机构出具的专业鉴定报告，否则农户很难证明农作物的减产与合作社提供的服务有直接因果关系。即使农户与合作社签订了包收合同，合作社也可以农户产品不达标而拒绝收购。合作社提供的服务无论是否符合约定的标准或效果，产生的风险大多都由农户自行承担。

二、农民专业合作社土地承包经营合同纠纷

农民专业合作社是建立在家庭联产承包责任制基础上的农民经济互助组织，其经营与农村土地有着密切的联系。我国农村土地承包经营权受《中华人民共和国土地管理法》《农村土地承包法》等法律调整，涉及地方政府、村集体、农户等多个主体的权利义务，法律关系较为复杂，容易出现纠纷。农民专业合作社的土地承包经营合同纠纷主要出现在土地用途发生变化、土地权属或经营关系发生变动时，如地方政府征收、农地流转时。农村土地问题涉及用益物权和债权之间的矛盾，合作社经营的承包地会由于承包户对土地

---

[1] 常德市中级人民法院：《黄某、朱某与常德协众农机专业合作社农业技术服务合同纠纷二审民事判决书》，(2019) 湘07民终380号。

权属的处理而受影响，同样承包户的土地权利也可能因为合作社的经营不善或抛荒而受到侵犯。下面通过案例来具体说明。

案例三：被告杨某与原告大坪组全体农户签订了土地流转合同，租赁该组部分农户的荒山和田地，经营流转期为30年，从2010年6月30日起至2040年6月30日止，流转费于每年6月30日之前支付。合同期内，甲方（大坪组农户）不得有不利于乙方（杨某）生产的行为；不得将土地流转给他人。合同签订后杨某支付了2010年度租金。2010年杨某以流转土地出资，与田某等五人成立了某绿色农民专业合作社，在流转地上种植金银花，并向原告大坪组农户支付了2011—2013年度的租金。2013年年底合作社将部分种植金银花之间的空闲土地给邓某套种太子参、油茶一年，邓某在种植期间为合作社免费管理金银花。由于沟通障碍，原告大坪组认为合作社未经同意将土地流转给他人，因此禁止邓某进场管理，也拒绝领取2014年度的租金，并起诉被告要求解除土地流转协议。一审法院认为被告杨某将流转的土地以合作社经营的形式进行经济作物生产，并未改变土地的用途，并在经营期间内按合同约定支付了租金，杨某将部分土地给邓某种植的行为系为了更好地利用土地，是一种合作关系而非转让行为。原告未举证证明杨某有违背合同约定行为，请求解除与杨某的土地流转合同的诉讼请求无事实依据和法律依据，法院不予支持，判决驳回原告诉讼请求。原告不服提起上诉，上诉时提交新的证据，是当地区政府关于建设高效农业示范园区的审查意见以及当地乡政府的情况说明，用以证明大坪组流转给杨某的土地已经纳入区政府统一规划，发展蔬菜种植和油茶产业。上诉人认为双方签订的土地流转合同已无继续履行的基础。二审法院认为区政府规划不能成为上诉人解除土地流转合同的法定条件,判决驳回上诉、维持原判。[1]

该案例是农民专业合作社在土地经营过程中与土地的原承包权人产生的纠纷,在实践中较为常见。从案件审理角度来说,该案例法律关系清晰,判决结果也没有争议。被告杨某以个人名义流转了大坪组的土地经营权,并入股合作社,由合作社进行金银花的种植。合作社在经营过程中有权根据自身需要选择从事何种产业的经营,只要不改变土地的用途,原土地承包人无权干涉。但在实践中,农户对于土地用途的理解与法律上的规定有一定差距,农户可能出于对合作社经营的异议或其他的理由干涉合作社的生产,这是在原承包户不参与合作社生产的情况下极容易出现的情形。而且考虑到农业种植领域不同的产品可能会对土地造成不同的影响,合作社确有可能因为经营不当而对土地本身造成损害,从而与原承包户发生纠纷。

三、农民专业合作社内部治理纠纷

农民专业合作社对外是独立的法人,其内部的成员是合伙关系。一方面,合作社内部管理不规范,容易因合作社侵犯成员知情权而导致纠纷;另一方面,合作社出资成员退社、退股时遗留的债权债务问题很容易引发合作社与原成员、原成员与现成员之间的纠纷。

---

[1] 铜仁市中级人民法院:《仁市万山区高楼坪乡老山口居委会下大坪村民组与杨某土地承包经营权出租合同纠纷二审民事判决书》,(2014)铜中民二终字第136号。

下面通过案例来具体说明。

案例四：2012年原告虎某出资70 000元加入被告某牛羊养殖专业合作社成为成员。自原告入社以来，合作社从未按照章程要求公布合作社每年收支、财务、账目等事项，一直不允许成员查账，也未按照章程规定对合作社账目进行审计，致使原告对合作社经营情况、债权债务全不知情，也未提取公积金。2016年虎某起诉合作社，要求合作社公布账目。法院对此案进行调解，通过原告委托的专业财务人员对合作社成立至2017年6月21日的所有账目进行了核算。核算结果显示：截至2017年6月21日，合作社的固定资产为1 274 499.67元，进出不明资产为1 455 000元，专项资金1 164 847.23元去向不明。原告虎某提出退社并要求返还入社出资70 000元，分配盈余，包括固定资产、进出不明资产以及去向不明的专项资金共计3 894 346.9元。经庭审确认，合作社自成立以来从未与成员有牛羊买卖、销售、贩运和其他业务，也未与其他经济体发生交易，没有交易量，也未提取过公积金，其运转资金主要是国家项目扶持资金，不存在盈余分配可能。判决解除原告成员身份，被告退还原告入社出资70 000元，驳回原告其他诉讼请求。[1]

该案例是合作社侵犯成员知情权产生的合同纠纷，从案件审理角度来说，案情清晰，审理结果基本公正。但这一案件反映出司法无法解决合作社实践中的所有违规问题。实践中很多"空壳社"，在组织构架中显示有法人资格、法人财产以及成员等合法结构，但从

---

〔1〕青海省海北藏族自治州中级人民法院：《海晏县金兰牛羊养殖专业合作社与虎某合伙协议纠纷上诉案民事判决书》，(2018) 青22民终20号。

未实际运营,也未与成员发生交易。合作社的理事长或股东借"空壳社"来套取国家政策资金,通过各种运作,合作社的实际控制人牟取私利,其他成员有的对此一无所知,有的知道一点内情却未参与管理。类似于该案例的情形,成员可以起诉合作社要求退回自己的出资,但对于合作社的这些违法违规行为却无法干涉。基于法律对诉权的保护,法院也无法主动对"空壳社"的违规行为进行审查,充其量只能将线索移交相关部门。

案例五:2014年某农产品农业专业合作社成立,注册资本为200万元,刘某法是法定代表人,刘某峰、张某平、刘某平、李某芹各出资20万元。2015年11月经全体成员协商,刘某平、刘某峰、刘某辉、刘某民、王某民与刘某平(1)、刘某法、刘某敏、刘某社、刘某军、刘某良签订退股协议,刘某平等5人自愿退出合作社,从此不再参加合作社的经营管理活动,入股金由合作社退还,资金来源为海棠树苗销售款或其他经营性收入,退款期限为2016年10月底,如果售苗款不够,不足部分由合作社现有股东集资偿还。该协议由股东一致通过。协议签订后,刘某辉、刘某峰、刘某平分别收到了欠条,欠条写有欠款数额,签字人为"全体股东:刘某平(1)、刘某良、刘某敏、刘某社、刘某法、刘某军"。三名退股股东到期未收到欠款。2017年刘某法退社,合作社变更登记为法定代表人刘某杰出资100万元,张某平、李某芹、刘某平、刘某峰、刘某社各出资20万元。原告刘某辉、刘某峰、刘某平三人起诉刘某平(1)、刘某良、刘某敏、刘某社、刘某法、刘某军六人,要求其按照欠条支付欠款,一审法院判决支持原告诉求。刘某平(1)、刘某良、刘某敏、刘某社、刘某法、刘某军六人不服一审判决提起上诉。该六人认为合作社应当是刘某辉等三人的债务人,而且请求认定《退股协议书》未经全体股东签字无效。二审法院查明,张某平是刘某良的妻子,李某芹是刘某平妻子,张某平和李某芹虽登记为成员,但实际出资人是丈夫。二审法院认为张某平、李某芹未出资,不应享有成员权利,因此未在《退股协议书》上签字不影响协议书的效力。实际出资人刘某敏、刘某军、刘某平(1)、刘某良以及登记成员刘某法、刘某社在《退股协议书》上签字是所有当事人真实意思表示,协议书有效。刘某平(1)等六人出具欠条,作为认可承担还款责任的意思表示,新的债权债务关系成立,刘某平(1)等六人应当承担还款义务。关于退社人员是否分担合作社亏损问题,应由刘某平、刘某峰、刘某辉与案外人合作社另行解决。二审判决驳回刘某平(1)等六人的上诉请求,维持原判。[1]

该案例是合作社股东退社引发的纠纷。根据《农民专业合作社法》的规定,退社股东享有当年的分红,并分担退社时合作社的各项债务和亏损。但该案例中三位股东退社时,合作社没有及时对合作社的债权债务进行清算,而是由当时的股东以个人名义联合签署了欠条,这就使得退社股东与合作社的债权债务关系转变为退社股东与当时在社股东个人的债权债务关系。另外,该案例中的合作社还涉及显名股东和隐名股东问题,很多合作社是以户为单位入社的,注册登记上的名字和出资人存在一定的差异,在司法实践中需要考虑形式与实质的差异。

---

[1] 保定市中级人民法院:《刘某平(1)、刘某法、刘某敏等股东出资纠纷二审民事判决书》,(2019)冀06民终4888号。

第四章
农民专业合作社的治理制度完善

　　农民专业合作社的治理制度是合作社性质的本质体现,也是农民专业合作社生产经营发展的行动指南,法律对农民合作社的规范目的是使其成为一个真正的互助性经济组织、适格的民事主体,并在农业农村现代化、乡村振兴的国家战略中发挥应有的作用。合作社的原则几经变迁,其核心要义一直传承至今,即入社自愿、退社自由、民主管理、按交易量(额)返还盈余以及资本报酬有限。《农民专业合作社法》在制定之初就将这些原则通过法条的方式固定下来,并在赋予农民专业合作社特别法人的社会主义市场经济主体地位、规范农民专业合作社的组织和行为、保护农民专业合作社及其成员的合法权益、惩治侵害农民专业合作社及其成员的合法权益和发展的行为等方面,发挥了巨大的作用。但该法实施面临的最大困境在于，实践中的农民专业合作社常常不按照法律规定的方式运行，或者说其在形式上具备了法定要件，但在实践中通过各种手段规避法定程序。这种情况一方面挑战了《农民专业合作社法》和相关法律的权威，另一方面也使得农民专业合作社长期发展不规范的情况得不到有效的治理。为实现《农民专业合作社法》的立法目的，支持、鼓励、引导、规范农民专业合作社的发展，应当从立法、执法、司法、守法等方面完善《农民专业合作社法》及相关法律制度的实施机制。

第一节　农民专业合作社法律制度完善

《农民专业合作社法》于 2017 年进行了修订，对法律调整范围、合作社经营范围、成员出资方式、民主管理、财务公开、合作社联合社等多项内容修改完善，虽还有部分问题未进行修改，但可以预见的是，短期内《农民专业合作社法》不会再进行修改，因此笔者建议从配套法律法规的制定、法律规定的各项制度的落实以及加强司法适用等角度对农民专业合作社相关法律法规实施过程中出现的问题进行补充和完善。

一、制定《农民专业合作社法》配套法规规章

现阶段《农民专业合作社法》的配套法规严重不足。从国家到地方，农民专业合作社规范大多是规范性文件而非正式的法规规章，

其效力等级较低，相较于法律法规缺乏稳定性。另外，我国不同地区农业产业发展状况差异较大，合作社的发展形式也有较大区别。以浙江为代表的发达地区，在《农民专业合作社法》还未出台时就率先根据本地合作社的发展情况制定了《浙江省农民专业合作社条例》，为国家出台农民专业合作社法提供了典型范例，而其他省份如河南、广西、云南等地尚未就农民专业合作社出台相关的地方性法规或地方政府规章。浙江一带的乡镇企业比较多、农业现代化水平较高，农民专业合作社的发展大多是由龙头企业带领起来的，各方面制度也相对完善。而在农业资源禀赋一般的南岭山区和西南山区，农民专业合作社多是小农为了集中土地，发展规模种植而自发组织的，资金、社员的体量都较小，内部合作松散。地方立法机关应该根据本地情况制定《农民专业合作社法》的实施细则，或者地方农民专业合作社条例，对法律的各项制度予以具体化、本地化。因此，从中央到地方都需要进一步完善《农民专业合作社法》的配套法规规章。

在国家层面，《农民专业合作社法》实施细则可以考虑将实施时间较长、已经成熟的扶持政策通过法律实施细则的方式固定下来，主要内容包括以下几点。其一，现行《农民专业合作社法》中专章规定了农民专业合作社的扶持措施，相关法条只有5条，规定了包括财政支持、培训服务、金融支持、保险支持、税收优惠、用电优惠等各项优惠政策，各项优惠政策的具体落实需要法律实施细则的规定。其二，现行《农民专业合作社法》中缺乏对农民专业合作社的监督制度，包括对农民专业合作社依法治理、盈余分配、生产经营、投资管理等方面的监督，以及国家扶持资金的审计等方面，都需要有关部门或第三方机构来进行监督。其三，国家对农民专业合作社的扶持缺少法律责任条款，这使得大量套取国家资金的"空壳社"长期存在又无从治理。在落实扶持政策的同时，实施细则中可以增加相关的责任条款，以明确政府及相关部门的法定职责、义务和法定责任，进一步促进农民专业合作社的生产经营和发展。其四，农民专业合作社示范社的评定已经进行了多年，关于合作社规范化的标准和奖惩规则已经成熟，应当通过法律实施细则进行确认。同时，还应当增加针对新兴产业和发展前景较好、社会功能突出的小农民专业合作社的倾斜政策，进行重点扶持。

在地方层面，制定《农民专业合作社法》的实施细则或条例的主要内容包括以下几点。其一，省级地方应当由地方人大或其常委会制定《农民专业合作社法》的实施细则或条例，通过省级地方性法规的方式明确本区域内农民专业合作社的具体发展方向和监管措施。其二，地方立法应当关注本地农民专业合作社优惠政策的落实，如地方政府资金扶持、金融扶持、保险扶持等政策的具体化。其三，应当关注地方特色产业的发展，扶持和发展地方特色产业合作社。其四，根据地方特色产业合作社对合作社法的实施进行调整和细化，例如，对山区的林地专业合作社、牧区的农牧合作社、乡村旅游合作社等，针对成员结构、组织形式、资金规模等方面的差异对合作社法的具体实施进行调整。同时，民族自治地区可以利用民族区域自治地方的立法权，结合本自治区域实际情况，对上位法进行变通执行，以满足民族自治地区农民专业合作社发展的需求。

二、加强农民专业合作社的协商治理

现阶段农民专业合作社的内部治理主要依靠《农民专业合作社法》的规定和合作社章程进行调整。从实践情况来看，大部分农民

第四章 农民专业合作社的治理制度完善

专业合作社都存在内部治理规范性差、大股东掌控合作社、少数人"一言堂"的情况。虽然法律对于合作社的内部治理有明确的规定,国家的各项政策也在不断引导合作社内部治理规范化,但实践中合作社的内部治理模式仍是五花八门。一方面,合作社作为一个经济组织,需要一定的自治空间以保障其活力,法律过度干预合作社的自治空间对其发展不利。另一方面,合作社的内部运行制度的随意性致使成员,尤其是小股东和非出资成员在合作社中的权益很难得到保障,大股东和资本权利的过度扩张也容易动摇合作社的合作基础。考虑到以上这些因素,强化农民专业合作社内部的协商治理成为解决合作社治理两难的有效途径。

农民专业合作社本身是依靠契约而成的经济组织,成员加入合作社即表示认同合作社的章程并依据章程行使自己的权利,承担相应的义务。在很多合作社中,章程是成员间的唯一契约,但其执行情况却不尽如人意。首先,合作社章程一般由设立人制定,合作社成立后加入的小股东和非出资成员很难对章程提出异议,即使有不合理之处也很难修改。其次,很多合作社中都存在出资成员和非出资成员、货币出资成员和非货币折抵出资成员的区别,而合作社章程的规定较为笼统,各方的权利义务未做严格区分,实践中有很多不合理或不便之处。最后,大量农民专业合作社在成立时直接利用格式章程进行登记,其间未做与本合作社相匹配的修改,章程缺乏可执行性。以上这些原因导致成员之间的权利义务关系缺乏有效的规范,合作社内部运行情况也缺少民主管理和监督。

既然章程这种"格式合同"无法满足合作社的需要,那么在合作社内部治理中根据具体需要进行协商就成为一种有效的治理手段。通过协商开展的合同式治理,兼有市场化和商业管理化的特点,具有偏重参与过程的合意和参与者对结果相对满意的特性,非常适用于规范合作社内部不同资源禀赋、不同需求的成员与合作社的关系。[1]合作社出资股东协议能够明确股东出资价值及占比，申明股东的权利义务。成员与合作社之间的交易合同可以明确交易的内容、数量、期限以及责任条款。成员与合作社之间的分红合同能够明确合作社的分红方式以及成员的个人份额，给成员以合理预期。还有如退社、债务等各种法律关系，成员与合作社之间都可以通过具体合同的方式进行约定，任何一方出现违约行为，都可以直接以合同为依据提起诉讼。权利义务平等的协商式合同关系能够更好地保护合作社内部各个主体的利益，在出现纠纷时，也更便于依法维权。

三、完善成员出资和占比规定

成员出资是合作社法人财产的重要组成部分，也是其内部治理权和盈余分配的主要依据。《农民专业合作社法》对成员的出资方式进行了规定，并在 2017 年修订时还新增了允许成员以土地经营权出资的条款，旨在缓解农民专业合作社资金短缺的问题，同时为实践中出现的大量土地股份合作社提供法律依据。但这部分法律规定忽略了成员是否必须出资或统一出资、单个成员出资是否有限度等涉及成员质性的问题。我国农民专业合作社最早走的就是大户引领发展的路线，默许了部分大户投资、部分农户劳动参与的方式。而且，考虑到农村土地的市场估值偏低，而农户的货币出资能力又十分有限，所以我国农民专业合作社的成员出资和占比采取了合作社意思

---

[1] 王丛虎：《合同式治理：一个治理工具的概念性探索》，载《公共管理与政策评论》2016 年第 5 期。

自治的方式，即只要合作社内部形成合意，且不违背法律的禁止性规定，就不会受到任何限制。从我国合作社的发展情况看，大户或公司引领的发展方式虽然难以做到内部分配的完全公平，但大部分入社的农户是受益的，其收入高于未入社的同类经营农户，也在一定程度上优于农户自己组织合作社缓慢发展的模式。

现阶段提出完善成员出资和占比主要出于几方面考虑。其一，出资是成员合作的重要纽带，非出资成员对合作社缺少责任感，既不关心合作社运营，也不重视与合作社的交易，例如，部分以收购成员农产品统一销售作为经营方式的合作社，由于成员经常毁约而无法存续。如果合作社要求所有成员必须出资，成员自然就会关注自己出资的预期回报，对于合作社经营的参与度也会更深。其二，从法律实施角度来看，如果对成员的出资占比不进行必要限制，现行《农民专业合作社法》第22条关于投票权的规定很难实际执行。营利法人的资本与控制权是紧密联系的，即使合作社被赋予了超出营利法人的其他责任，也很难限制其作为市场主体的本能。出资占比较大的成员必然会控制合作社，这是资本属性导致的必然结果，即使法律有相关规定，但未出资或出资较少的成员不会选择通过法律维护自己这些微小的权益。合作社以此方式运营，久而久之会破坏合作社的合作性，慢慢变成投资者的企业而非全体成员的合作社。其三，从长远发展的角度来看，合作社最终须回归其公平和普惠的价值属性。现阶段为了促进合作社发展，法律允许合作社的效率优先于公平，当合作社的能力逐渐扩大，能够影响甚至垄断一类产业的经营时，合作社内部的公平和普惠就变得尤为重要。完善成员出资，限制单个成员出资在合作社中的占比能够防止未来合作社中的大成员垄断或过度影响产业发展的情况。《农民专业合作社法》及其配套法规规章中可以考虑增加"成员必须出资"的条款，并对单一成员在合作社中的出资占比进行规定,如规定"单个成员出资占比不得超过注册资金的20%"。

四、加强《农民专业合作社法》的司法适用

司法是维护社会公平正义的最后一道防线和终极救济渠道,其在规范引导促进农民专业合作社的发展方面具有不可取代的功能。《农民专业合作社法》从2007年实施至今已16年,涉农民专业合作社的司法案件共23万余件,[1]其中引用《农民专业合作社法》作为法律依据的判决书只有1 500余篇,[2]可以看出各级法院对于《农民专业合作社法》的适用极少,大多数案件都按照普通合伙关系或合同关系进行裁判,并未体现出农民专业合作社的主体特殊性。通过"北大法宝"查询司法解释发现,最高人民法院出台了11篇与"合作社"有关的司法解释性文件,无一篇与农民专业合作社有关。作为一部规范重要的市场主体和特别法人的法律,《农民专业合作社法》在司法适用上严重不足。

为了促进《农民专业合作社法》的实施,应在司法保障方面作如下改进。其一,最高人民法院可以根据涉农民专业合作社案件的具体情况,针对《农民专业合作社法》的原则性规定和已结案件中反映出来的法律缺陷,有的放矢地作出可操作性的司法解释,同时可以编撰农民专业合作社的指导性案例,引导、规范地方各级法院

---

[1] 数据来自中国裁判文书网,以"合作社"为关键词、时间为"2007年7月1日至2023年12月15日"搜索得出。

[2] 数据来自中国裁判文书网,以"专业合作社"为关键词、时间为"2007年7月1日至2023年12月15日"、法律依据为《农民专业合作社法》搜索得出。

的法律适用,统一裁判标准和尺度。其二,地方各级人民法院在审理涉农民专业合作社案件时应当根据案件实际情况大胆引用《农民专业合作社法》这一特殊法的相应条款进行实体裁判,以增强《农民专业合作社法》的实施效果。其三,在审理涉农民专业合作社民事、商事案件时,发现属行政案件或刑事案件的线索应依法移送相关部门严肃查处。其四,对涉农民专业合作社案件的执行应作为解决"执行难"的重中之重,对农民专业合作社及其成员作为申请人的案件应想方设法优先执行;对农民专业合作社及其成员作为被执行人的案件应根据其发展情况,尽可能考虑采取更为灵活的措施。其五,审慎受理和审理农民专业合作社破产案件,尽力促成债权人和农民专业合作社和解,或积极帮助农民专业合作社重整。即便是进入破产程序,也应依法维护农民专业合作社成员的合法权益。

第二节 农民专业合作社行政管理制度完善

农民专业合作社的规范化的责任主体是中央和地方人民政府,各级农业、林业、畜牧业、渔业等涉农部门以及各级财政、税务、市场监管等管理部门。《农民专业合作社法》中关于执法和监管条款的落实,有赖于这些部门的执行。现阶段,我国行政管理部门对于农民专业合作社监管工作的最大不足在于被动监管。《农民专业合作社法》新增的关于主动清理"空壳社"的条款,对行政管理部门的行政监管和行政执法提出了更高的要求,行政管理部门对于农民专业合作社的监管也应当采取更主动的态度。

一、完善年度报告公示制度

年度报告是展示法人年度经营情况的重要材料,法人年报制度对于强化市场对法人的信用约束、提高法人信誉度、稳定市场预期具有重要意义。农民专业合作社作为适格的市场主体,同样应当实行年报公示制度。其一,年报公示能够对外展示农民专业合作社的综合实力,帮助市场其他主体充分了解合作社的经营情况,促进其他市场主体与合作社的合作,对合作社获得市场融资有所助力。其二,年报公示有利于加强市场对于合作社的监督,促使合作社进一步规范外部经营和内部管理,明晰合作社产权,促进合作社内部的民主管理,对于规范合作社发展具有促进作用。其三,年报公示有利于行政主管机关及时掌握合作社的具体情况,对合作社的经营状况进行监督。其四,年报的内部公示有利于农民专业合作社的全体成员了解合作社的经营状况、资产数额以及营收情况,是对成员知情权和财产权益的保护。2014年国家工商行政管理总局制定的《农民专业合作社年度报告公示暂行办法》对农民专业合作社的年报公示制度进行了具体规定,2017年《农民专业合作社法》修订时将这一制度纳入法律规定。

农民专业合作社年报公示制度从2014年10月1日起实行,但其落实情况并不乐观。在"国家企业信用信息公示系统"查询"合作社"可以发现,合作社公示的信息主要是注册信息,包括法人名称、地址、成立时间、经营范围、注册资本、股东人数、股权结构等,"农专社年报信息"栏的项目都是空白,也就是说,社会公众查询农民专业合作社的经营情况,除了了解到合作社法人的存续状态以及注册资本,对合作社的其他经营状况一无所知。农民专业合作社内部的公示是否按规定进行,则是合作社自治的范畴,并未受到国家严格监管。完善和落实农民专业合作社年报公示制度应当从以下四个方面着手。其一,公示合作社成员的具体名单或数量,包括出资成员和非出资成员。农民专业合作社中股东的概念与成员的概念有很大差距,仅仅公示股东的信息无法展示合作社的规模,同时也放任了合作社在成员进出上的随意性。其二,公示合作社抵押登记和股权出质信息,这是展示合作社债权债务情况的重要信息,应当依法进行公示。其三,公示合作社投资企业或加入联合社的相关信息。现行《农民专业合作社法》允许农民专业合作社投资企业或加入联合社,这部分信息应当在年报中显示,并向社会公示。其四,公示国家财政对合作社的补助。根据现行《农民专业合作社法》的规定,国家财政对合作社的补助款是国家用于支持合作社经营的资金,合作社有使用权、收益权,但不得直接分配给成员,这部分款项的运用应当在国家的监督和规范下进行,故应当在年报中公示出来,接受国家有关部门和社会公众的监督。

二、落实"空壳社"的注销制度

现行《农民专业合作社法》新增第71条规定,连续两年未从事经营活动的农民专业合作社应吊销其营业执照。2019年2月中央农村工作领导小组办公室等11家单位联合下发了《开展农民专业合作社"空壳社"专项清理工作方案》,要求市场监督管理部门联合农业农村、水利、税务等各部门联合清理、排查、整顿存在"无农民成员实际参与;无实质性生产经营活动;因经营不善停止运行;涉嫌以合作社名义骗取套取国家财政奖补和项目扶持资金;群众举报的违法违规线索;从事非法金融活动,如变相高息揽储、高利放贷和冒用银行名义运营等"六类问题的农民专业合作社。专项行动由中央农村工作领导小组办公室牵头,省级由党委农村工作综合部门牵头,县级党委农村工作综合部门统筹,承担实施专项工作的主体责任,排查已注册合作社,解决历史遗留问题,并建立长效的监督检查机制。

依据法律规定,市场监督管理部门对合作社的运营情况负有主动监督的职责和审查义务,发现有连续两年未从事经营活动的,应吊销其营业执照。现在大量的"空壳社"存在,主要是因为缺乏相应的法律责任,市场监督管理部门应制定相应的监督管理办法,以及"空壳社"的清查和注销制度。较为便捷可行的方式是对现行《农民专业合作社年度报告公示暂行办法》进行修改,增加关于吊销合作社营业执照的条款。依据法律规定,农民专业合作社的年度报告须定期报送农民专业合作社的注册机关,即地方各级市场监督管理局,各地市场监督管理局应对合作社的年度报告做实质审查,确认其是否确实在经营,如发现有信息不实的,列入经营异常名录,连续两年列入经营异常名录且未申请移出的,吊销其营业执照,并依法清算注销。

三、完善扶持标准

国家对农民专业合作社的扶持主要有两种方式:一是涉农项目扶持,例如,国家和地方的"菜篮子工程"、返乡入乡创业工程、农资保障工作等,只要涉及"三农"问题的政策都会对农民专业合作社进行支持和补助；二是政策直接补贴，如国家和地方的农民专业合作社示范社评定工作，以及国家和地方对于农民专业合作社的专项财政补贴等。这些政策主要扶持的都是区域内规模较大的合作社，主要指向各地的"示范社"。

从农业部发布的《农民专业合作社示范社创建标准（试行）》以及各地对于示范社的评定标准中可以看出，示范社的硬性指标主要体现为"组织机构完整、规模较大、成员较多、经营效益较好"，主要反映的是合作社的经营规模，并不涉及合作社的内部运行是否符合合作社本质和法律规定，也无法判断成员的权益是否受到保护。实践中很多"假合作社""空壳社"通过资本运作，同样能够达到示范社的标准，套取国家的政策扶持款。

要解决这一问题，政府必须拓宽对农民专业合作社的政策扶持标准，即不能仅以合作社的规模作为扶持的标准，而是对合作社采取多角度、多层次的扶助。首先，政府的项目扶持应当考虑农民合作社的经营范围，尽可能地将满足项目要求的同类经营者都囊括进来。例如，各地的"菜篮子工程"可以将当地农产品种植类的合作社不分大小都纳入其中，帮助它们建立供销一体的平台以及运输专线，对于参与"菜篮子工程"的合作社按照交易量（额）进行补贴等。其次，政府的直接补贴除考察合作社的规模外，还应当重点考察合作社的内部运营是否规范，特别是合作社与成员之间的往来账目是否完整，合作社的盈余分配是否符合法律要求，确保合作社确实在依法依规运营。最后，地方政府扶助合作社的年度财政计划资金发放应当注重公平性和普惠性，应制定相应的标准，依据合作社的生产资料占有率、成员数量、年营业额、社会效果等多项指标对合作社进行资金帮扶，帮助有潜力的合作社逐渐发展壮大。现在很多电商平台在与农民专业合作社合作进行特色产品的销售，国家乡村振兴局主管的"中国社会扶贫网"也对合作社进行销售方面的帮扶。这些网站对于合作社的考察主要基于产品质量，相较于过去的扶持政策有更明确的方向和更好的成效，未来国家和地方各级政府在评定示范社、进行政策补贴时也应当增加更多元的考量标准。

四、加强对农民专业合作社发展的指导和宣传

加强对农民专业合作社发展的指导和宣传是各级主管部门的重要任务。从实践中的农民专业合作社运行情况可以看出，大部分农户对于农民专业合作社的定位认识比较模糊，很多合作社的设立人都将出资设立农民专业合作社看作一种合伙关系，对于合作社及其内部运营方式缺乏明确的认识。登记管理部门对农民专业合作社的监管大多从形式上和外部合法性方面展开。这些因素导致了农民专业合作社的内部运行大多不规范，成员对于合作社的认识也不到位，有权利而不知如何行使，被侵权也不知如何维权。

地方各级农业主管部门应当加强对农民专业合作社发展的指导，特别是乡农业经济经营管理站，应当充分了解本地区农民专业合作社的运行情况，对运营不规范的合作社提出整改意见，帮助、指导其规范完善。地方各级人民政府，尤其是乡政府应当加强对农民专业合作社的宣传工作，一方面宣传农民专业合作社对于农村产业发展的成效，鼓励、引导农户积极加入合作社，共享产业发展的红利；另一方面要加强对《农民专业合作社法》的宣传，指导农民依法办社，依法维权，促进农民专业合作社规范化发展。各地还应当积极开办农民专业合作社理事长的培训活动，宣传《农民专业合作社法》

和相关的法律法规,教授管理技能,分享市场信息,促进农民专业合作社的专业化和市场化。

地方各级人大、政协应开展《农民专业合作社法》执行情况和农民专业合作社发展情况的专项调研和宣讲活动,为解决现实问题提出建设性的指导和改进意见,依法享有专项立法权的各级人大可在此基础上制定相应的地方性法规。各级行政管理部门应当秉承"谁执法谁普法"原则,开展相关普法活动。同时,新闻媒体也应当配合宣传工作,营造氛围。

第三节　农民专业合作社内部治理制度完善

农民专业合作社是特别法人,其内部管理制度及运行主要依靠章程进行规范。《农民专业合作社法》中虽然对合作社的内部治理制度进行了详细的规定,但在合作社及成员不主动遵守和践行的情况下,这些制度的落实存在很大的困难。因此,加强农民专业合作社及其成员的守法意识,也是《农民专业合作社法》实施的重要途径。农民专业合作社的经营和发展需要合作社依法自律,也需要成员们的积极配合。

一、完善农民专业合作社章程

农民专业合作社的章程本质上是成员与成员之间、成员与合作社之间签订的合同。从合作社创立之初,章程就需要全体设立人一致通过并签章；合作社成立后，章程的修改须经过成员大会的表决，因此，章程的设立程序具有民主性，章程的内容是经过全体成员认可的。《农民专业合作社法》中授予合作社的自治权大多通过章程来体现，例如，章程可约定成员出资的转让、继承和担保；入社手续；盈余分配方式，特别是可分配盈余中不按照交易量（额）分配的40%；附加表决权及其分配；成员与合作社的交易方式；亏损分担方式及成员的其他义务；成员的退社方式和责任承担方式；等等。总的来说，成员通过章程行使的自治权是非常大的，对于法律未禁止的事项章程都可进行约定。法律还授权章程可以有超出法律规定的约定。例如，现行《农民专业合作社法》第13条规定，章程可以约定其他方式的作价出资；第21条和第23条规定，章程可约定成员享有法律规定以外的其他权利，承担更多的义务；第25条规定，成员退社时须提前通知合作社，但"章程另有规定的，从其规定"；第27条规定，成员资格终止前与合作社签订的合同应继续履行，但"章程另有规定或者与本社另有约定的除外"；等等。实践中大部分农民专业合作社都没有很好地利用章程来约定和规范成员与合作社之间、成员与成员之间的权利义务。大部分合作社在注册时会直接从注册机关处获取格式章程，经设立人签字后提交，也有部分合作社的章程中大量复制《农民专业合作社法》的内容。

加强合作社的内部治理，必须重视章程的作用。合作社设立人应当结合本地、本社实际情况认真探讨章程的条款，将成员、合作社的权利义务以及相关程序写进章程中并严格执行。合作社经营中还应当加强对章程的修订，及时根据实践需要修改章程的内容，或定期对章程进行审议和增补，从而有效实现章程的作用。

二、落实财务会计报告公示制度

农民专业合作社的原则之一是民主管理,民主管理要求成员对合作社经营的各项情况都享有知情权,知情内容必然包括合作社财务状况。《农民专业合作社法》规定,合作社理事长(会)应当组织编制财务会计报告于成员大会召开前15日置于办公地点供成员查阅。执行监事、监事会或成员大会可以对本社财务进行内部审计,并将结果报告给成员大会。

法律对于合作社财务会计报告内部公示制度的规定非常明确。2021—2022年,财政部制定了《农民专业合作社会计制度》和《农民专业合作社财务制度》,2007年制定的《农民专业合作社财务会计制度(试行)》随即废止。《农民专业合作社财务制度》中明确了财务监督的内容,规定未按规定处置国家财产直接补助形成的财产,或因故意、重大过失造成国家财产直接补助形成的财产流失的,依法追究法律责任;内部财务管理制度不健全的农民专业合作社,由县级以上有关主管部门责令限期改正。这些法律责任条款的出台,对于监督农民专业合作社依法落实财务会计报告制度具有重要意义。

为进一步解决实践中合作社并未依法向成员公开财务会计报告,或公开的财务会计报告内容不完全属实等问题,合作社的理事会和全体成员都应当重视财务会计报告公示制度,在章程中明确约定财务会计报告公示的程序和具体内容,依据法律和合作社章程按期公开财务会计报告。行政主管部门对于延期公开或公开不实的行为也应给予相应的处罚,以保障这项制度的有效落实。

三、完善成员名册和份额登记

成员是农民专业合作社的组织基础，成员出资及份额是农民专业合作社的经济基础，成员及出资份额的完整登记对于合作社组织的完整化、稳定化具有重要意义。《农民专业合作社法》规定，在合作社注册时需提交成员名册，成员发生变动时应当到注册机关进行变更登记。但在实践中，合作社注册时提交的成员名册中主要是出资成员，之后变更登记也主要是因为股权的变动而非成员的变动，这就使得合作社成立后，注册机关很难完整掌握合作社的成员名册。缺少行政机关的强制力，合作社内部对于成员名册的登记也缺少一定的监督，实践中大量合作社的成员名册是不完整的，份额登记也是粗略甚至是被省略的。

按照法律规定的程序，成员入社应当提交书面申请，现行《农民专业合作社法》中还新增了新成员申请须成员大会表决的程序，这对于明确成员身份、提高合作社内聚力具有促进作用。完善新成员认证程序后，合作社应当进一步完善成员名册和份额登记。在新成员申请经过成员（代表）大会表决时，就应当将其出资及在合作社的占比进行讨论和公示，然后登记在册。编制年度财务会计报告时，应当将当年度的公积金、国家财政补助或他人捐赠等财产按照法律和章程的规定进行分配并登记在成员账户中，以完善成员名册和份额登记。

四、落实成员退社自由权

退社自由是保护小农户利益的根本措施。一方面，小农加入合作社，参与市场经营，面临着巨大的风险，退社自由使得农户在感知或遭遇风险时能够宣布退出，及时止损。另一方面，退社自由也是小农户在合作社中保护自身利益不被大户、公司等出资成员侵犯的重要保障。虽然法律中规定了各种平衡大成员与小成员之间利益的制度，力求合作社内部控制权和收益权的公平、平等，但实践中，资本不可避免地会侵犯劳动者的合法权益，退社自由成为小农户权益的最后一道防线。

从法律程序来说，农民退社自由的实现方式很简便，在会计年度终了前三个月向理事长（会）提出书面申请即可退社，退社时需分担合作社的债务，完成与合作社之前签订的合同。但在实践中，成员与合作社之间存在土地权属和其他产权牵涉，退社时无法完成成员与合作社之间财务关系的清结。

落实成员退社自由，需要合作社内部对退社程序进一步地细化。一是通过章程对退社程序和责任进一步地细化，特别是关于入社非货币出资的退还以及公积金退还的方式和程序。二是退社时成员与合作社签订退社协议，对双方的权利义务进行约定。例如，以土地承包经营权入股合作社并已签订流转合同的，合作社可以考虑通过土地置换的方式将同等面积的承包地经营权退还给成员，以保障农户的土地权利。

第四节　加强对特色产业合作社的扶持

农民专业合作社是农村特色产业的重要经营主体。乡村地区有丰富的特色自然资源和文化资源，亟待本地成立农民专业合作社来进行开发、生产和经营。通过农民专业合作社的形式能够将乡村地区特色资源转化为经济价值，惠及该地区的群众，实现"取之于民，用之于民"。而且，农民专业合作社能够带动本地特色产品、特色文化和技艺的传承，有助于非物质文化遗产的"生产性保护"。

一、重点扶持文化产业合作社

农民专业合作社兼具营利性和社会保障属性，其对于文化产业发展的重要意义不仅体现在经济发展中，而且体现在文化传承中。很多乡村地区有丰富的非物质文化遗产资源，其作为一种社会性生活文化，离不开原生的社会环境。只是随着农村社会组织形式和谋生方式的变化，大部分传统文化及承载这些文化的技艺都逐渐失传了。西南部、中南部地区的农村有多种多样的刺绣、织布技艺，由于没有进行生产和开发，很多都已经失传。年轻人中掌握这些技艺的寥寥无几，很多传统的图案也已经失传。个别地区因旅游开发、商业开发，将原生的图案与其他现代的图案或别的地区的图案融合，使其丧失了文化的独特性。

农民专业合作社对于文化传承的优势在于以下三个方面。其一，农民专业合作社是以农民为主体的互助性经济组织,其注册门槛、运营成本都较低,入社简便,合作社对于成员没有太多的控制,这种松散的结构形式便于吸收大量的同类型成员,只要有参与意愿和参与能力的农民都可以进来。其二,农民专业合作社具有培训的职能,地方政府对于人才培养和帮扶的政策也会向农民专业合作社倾斜,这使得非遗技艺能够在合作社中得到广泛的传承。其三,农民专业合作社是经济组织,其具有生产、销售、获得经济回报的目的,这使得非遗文化和技艺的传承在这里能够直接实现经济价值,惠及所有的成员,让文化的所有者直接享受到文化发展带来的经济利益。

现阶段各地对于文化产业合作社的扶持严重不足。一是文化产业专项扶持计划较少,出台过专项扶持少数民族文化产业的地区只有贵州、云南、四川、湖南、新疆的部分地州以及湖北恩施。恩施推出了恩施州武陵山少数民族经济社会发展试验区产业发展基金,但针对的对象是"州内新型工业、优势特色农业、生态文化旅游业、资源型工业、重大招商引资项目"等,并没有涉及手工业的项目。二是各地对文化产业的扶持主要集中在企业和产业园区的建设上,例如,《关于加快促进喀什地区民族特色手工艺品产业健康发展的实施意见》中扶持的主要主体是企业、民族手工艺品展销街区、生产示范基地;哈密地区出台的"少数民族特色产业项目贷款"针对的也是特色餐饮、特色用品、特色手工艺品企业。总的来说,农民专业合作社在文化产业发展领域的作用没有受到地方人民政府的重视,而针对农民专业合作社的扶持又集中于传统农业领域,未惠及手工业和其他文化产业的合作社。

地方人民政府应当加强对文化产业合作社的扶持,其措施主要包括三个方面。一是给予文化产业合作社资金上的扶持,包括设立专项财政补贴、提供专项贷款等。二是给予文化产业合作社人才上的扶持，包括帮助合作社开展成员文化产业技能培训，提供必要的场地和费用，鼓励相关企业、高校和研究机构对合作社人才帮扶，通过合作社组织成员传承非遗技艺等。三是帮助文化产业合作社搭建产供销平台，一方面鼓励具有手工艺和其他技艺的农民成立农民专业合作社，带动周边农户发展文化产业；另一方面帮助合作社对接销售渠道，为其产品销售提供一定的保障。对于文化产业合作社的扶持标准，则不应过度要求其规模大、资金雄厚，而应当更多关注其文化、技艺的独特性，其传承方式的科学性、有效性，以及带动对象的广泛性等。文化产业合作社还属于我国农村的新兴产业，其发展方式和发展方向都有待实践的进一步探索，地方人民政府应当认识到这一产业的重要性，以及农民专业合作社在乡村文化产业发展中的独特性，对这一发展形式进行引导、支持和帮扶，推动其进一步发展。

二、鼓励发展乡村旅游合作社

乡村旅游合作社是近年来的新兴事物，2007年《国家旅游局 农业部关于大力推进全国乡村旅游发展的通知》中第一次提到这一主体，我国2017年修订《农民专业合作社法》时将乡村旅游纳入了农民专业合作社的经营范围。

乡村地区具有丰富的旅游资源，其自然环境和人文环境的独特性都是非常好的旅游吸引物。近年来很多乡村都在进行旅游开发，有以农户为单位的农家乐式旅游开发、企业承包式的开发，也有村集体开发。从形式上来说，乡村旅游合作社是村集体开发旅游产业的载体，也是村集体与企业合作开发旅游时的主体之一。相较于公司，乡村旅游合作社的优势主要体现在其组织形式和分配方式上，其能够更好地保护成员的利益。在乡村旅游合作社独自发展本地旅游业的情况下，合作社能够享受国家的税收优惠、金融优惠和其他扶持政策，如果合作社发展较好，还可以获得国家的财政补贴，相较于企业而言运营成本较低。在外来企业承包开发本地旅游业的情况下，村民联合起来成立乡村旅游合作社，通过合作社与企业进行合作，能够更好地保障村民的权益。例如，很多村寨的旅游开发都是整村打包租给外来旅游开发公司，村民为公司工作获得工资报酬。如果采取合作社的形式，村民不仅可以享受工资报酬，还能在年终进行收益的二次分红。有《农民专业合作社法》的保护，村民作为合作社成员的权益也更加稳固。

2017年中央一号文件提出要"鼓励农村集体经济组织创办乡村旅游合作社"。贵州、甘肃、四川等旅游资源丰富的地区也出台了相应的文件鼓励发展乡村旅游合作社。现阶段，很多地方人民政府都意识到乡村旅游合作社的优势，提出了鼓励、支持的口号，但其给予的实际帮扶不够，有部分地区针对乡村旅游合作社的基础设施建设进行了财政补贴，有的地区采取"以奖代补"的形式，要求乡村旅游合作社先发展起来，经过地方或国家标准验收，再获得财政补贴。总的来说，加强对乡村旅游合作社的项目扶持和财政补贴是鼓励其发展的最重要措施。除此之外，地方政府还应当加强对乡村旅游合作社管理人员的培训，提高其管理能力；加强对乡村旅游合作社的监管，监督其资金的使用、相关设施的完善以及收益分享情况，保障成员的权益。

三、促进特色产业合作社发展

农民专业合作社是特色产业的重要经营主体。2015年习近平总书记提出"供给侧结构性改革"的目标后,农村产业建设向区域化、集约化、特色化的方向发展。2017年中央一号文件提出要"做大做强优势特色产业……把地方土特产和小品种做成带动农民增收的大产业"。同年,国家发展改革委、农业部、国家林业局联合印发了《特色农产品优势区建设规划纲要》,提出部署建设国家级、省级农产品特优区。2017年、2019年和2020年农业农村部等8个部委联合发布了三批"中国特色农产品优势区名单",各省级行政区也发布了本地区的特色产业优势区。在特色产业的发展中,农民专业合作社、家庭农场、产业化示范基地等是主要的经营主体。在国家级特优区的评定中,是否有特色农产品产业的国家级、省级农民专业合作社示范社是认定标准之一。同时,推进特优区农民专业合作社示范社的发展也是特优区建设的重点工作之一。扶持特色产业合作社是国家政策导向,也是农民专业合作社发展壮大的机遇。

地方人民政府应当认定本区域的特色产业,通过财政补贴、担保贷款、技术指导等多种扶持措施鼓励、引导本地农民专业合作社发展特色产业种植。从三批"中国特色农产品优势区名单"中可以看出,很多地区已经形成了自己的特色产业种植区,例如,广西壮族自治区恭城瑶族自治县恭城月柿中国特色农产品优势区、苍梧县六堡茶中国特色农产品优势区、容县沙田柚中国特色农产品优势区、田阳县百色番茄中国特色农产品优势区等。很多地区出台的促进农民专业合作社发展的指导文件中也注明了本地的特色支柱产业。例如,湘西土家族苗族州鼓励建立"以超级稻为主的优质米业,以柑桔、猕猴桃为主的林果业,以烤烟、茶叶、蔬菜为主的经作业,以百合、杜仲为主的中药材业,以生猪、肉牛、山羊、家禽及渔业为主的畜牧水产业";[1]阿勒泰地区的"大果沙棘、食用菌、戈宝红麻、芳香植物、冷水鱼、乳制品、牛羊肉等"。[2]这些对特色产业合作社的重点帮扶,对于提升特色产业的种植规模和种植技术,促进乡村振兴具有重要意义。

---

[1] 参见《湘西自治州人民政府关于加快发展农民合作社的实施意见》。
[2] 参见《阿勒泰地区行政公署办公室关于加快地区农民专业合作社发展的实施意见》。

第五章
农民专业合作社的治理实践

学界对农民专业合作社的分类大多是以经营模式为要素，将合作社分为各种"主体+农户"的模式。这种分类方式有助于直接展现合作社的内部治理关系及其独特性，但也呈现同质化态势，很难体现农民专业合作社在实际经营中的差别。本书对农民专业合作社的分类以产业类型为主，兼顾生产要素的分类方式，将农民专业合作社分为民间工艺合作社、乡村旅游合作社、土地股份合作社、飞地经济合作社、领办型合作社。从生产要素角度来说，前两种是以劳动者为主要生产要素组成的合作社，后三者是以土地或资本为主要生产要素组成的合作社；从产业类型角度来说，以上分类代表了我国比较有特色的民间工艺合作社、旅游业合作社、特色种植业合作社和养殖业合作社。这样分类一方面能够突出乡村的特色产业发展情况，另一方面以生产要素为基础能从法理上更好地分析农民专业合作社的产权情况、内在治理模式和分配模式。

第一节 民间工艺合作社的治理实践

中华人民共和国成立后，手工业被认为是"国营工业不可缺少的助手"[1]，国家对手工业和其他个体工商户加强了管理和技术指导，同时建立了行业组织、民间工艺联合组织以及民间工艺合作社，帮助手工业生产。1952年，全国手工业从业者360万人，民间工艺合作社3 300个，有的城市实现了手工业从业者3年翻一倍的增长。[2]建国初期的民间工艺合作社为广大农民提供了大量农业生产资料，保障农业生产的恢复和发展，也为国民提供了必需的生活资料。最重要的是，它提供了大量的劳动就业机会，将闲散劳动力转化为生产力，为社会的稳定和经济的发展做出了重要贡献。随着社会主义公有化程度越来越高，民间工艺合作社开始向国营企业的方向靠拢，合并或并入工厂。1958年中央要求，民间工艺合作社在条件成熟的情况下转为县级合作工厂，取消分红制，改为工资制。在转制的过程中，全国10万个民间工艺合作社转为国营企业的占37.8%，合作社仅剩13.3%。[3]转成国营工厂后产权出现了一定的

---

[1] 《1957年全国民间工艺合作社一大上朱德的讲话》，载杨元华、沈济时、陈挥等：《中华人民共和国55年要览（1949—2004）》，福建人民出版社2006年版，第176页。

[2] 参见聂景康、吕时达、吕延家：《个体工商业的命运和前途》，山东人民出版社1990年版，第92页。

[3] 杨培伦等主编：《合作经济理论与实践》，中国商业出版社1989年版，第209页。

混乱，成员收入从分红变成工资后，积极性也有所下降。1960年手工业发展经历了短暂的从全民所有制工厂恢复为集体所有制工厂的调整后，再次被"文革"打断。直到1977年，国家才开始恢复以生产日用品为主的合作工厂，并出台了政策帮扶其发展，以缓解当时日用品紧缺的问题。为了提高合作工厂的生产水平，当时的轻工业部提出按专业协作原则调整和改组集体工业，根据产品形成一条龙的生产企业，同时对生产组织方式、管理方法等也进行了改组，削弱了合作经济的性质。改革开放以后，随着工业化和商品经济的发展，过去需要依靠手工生产的商品都开始实行机械化大生产。化工、纺织、机械等行业大多转型成乡镇企业，以机械或半机械化代替了过去低效的手工生产。而且随着城乡产业结构的调整，农村的剩余劳动力纷纷进入本地或外地的工厂工作。传统民间工艺合作社基本被轻工企业或乡镇企业所取代。

乡村地区受工业化发展影响较小，部分生活、生产工具仍依靠手工制作，例如，服饰、床上用品、生产工具、乐器等，这些商品主要用于满足农民的日常生活、生产和文化需求，部分用品具有一定的独特性，无法被工业制品替代。于是这类民间工艺合作社在工业化的浪潮中生存了下来，依旧保留着原有的手工业生产模式，逐渐形成了具有地方特色的产业。

一、民间工艺合作社的特征

随着工业化的发展，商品匮乏的时代早已过去，人们在满足基本生存需要和生活所需之后，开始追求更高层次的精神需求。对商品的要求从满足使用需要转变为对审美性和独特性的需要，越来多的产品开始打上"工匠精神""纯手工打造"的烙印。现代的民间工艺合作社主要适用于高端定制产品、工艺品行业和特色产品行业。手工业发展的影响因素主要有两个：一是手工艺人，二是销售渠道。一方面，手工业是极依赖人的行业，因为所有的产品出自手工艺人之手，产品的数量和质量都与手工艺人的数量和素质有关。另一方面，现代化背景下的手工业产品要么是高端产品，要么是初级产品，对于大部分地区的消费者来说都不属于生活必需品，需求量有限，故手工业产品的销售渠道对其发展而言也至关重要。销售渠道是民间工艺合作社为成员提供的服务，而手工艺人则是民间工艺合作社的组织基础。

民间工艺合作社是农民专业合作社中少有的人合性大于资合性的组织。一般的农民专业合作社，即使具有人合性特征，对其的发展影响最大的依然是财产，资金、土地、技术的增加都会对农民专业合作社及其成员的收益产生直接影响。而与大部分农民专业合作社不同，民间工艺合作社中对合作社及其成员收益产生最大影响的是手工艺人，生产虽然需要一定的场地和少量的工具，但产品数量和价值都取决于手工艺人的专业水平，熟练的手工艺人是民间工艺合作社最大的资产。也正因为如此，成立民间工艺合作社不需要大量的资金，但需要相对确定的客户群体和稳定的销售渠道，并且组建一个由熟练手工艺人组成的稳定的核心成员组织。在此基础上，合作社可以广泛吸收有一定基础手工艺能力的成员加入。加入民间工艺合作社不需要成员出资，反而是合作社需要给成员提供长期、稳定、高质量的培训，以不断提高成员的劳动能力，为合作社及其自身创造更多的财富。

民间工艺合作社是生产类农民专业合作社中少有的可以完全按照成员与合作社的交易量（额）公平分配盈余的组织。成员之间资源禀赋的差异会直接反映在成员与合作社的交易量（额）中，技艺高超的手工艺人与合作社的交易量（额）自然会高，其收益也就较高；技艺普通的手工艺人与合作社的交易量（额）则会相对较低，其收益也较低。资本对于民间工艺合作社盈余分配的影响微乎其微。

二、民间工艺合作社对乡村振兴的重要作用

从以上民间工艺合作社的特征可以看出，民间工艺合作社对乡村地区的重要作用主要体现在其生产方式上。

第一，民间工艺合作社能发挥手工艺人最大的主观能动性。现代手工制品大多是由一个手工艺人通过少量工具或机械独立完成整个制作过程的商品，其生产所需的最重要的要素既不是资金，也不是机器，而是手工艺人自身的技艺，即"人"的要素。合作社的最本质特征是强调人合性，兼具资合性，以劳动来控制资本。民间工艺合作社能够使手工艺人在其中掌握最大的主动权。在合作社的合作形式上，合作社设立人可以自主选择计件交易模式或统购统销模式，既可以由合作社统一制订生产计划，根据成员的生产意愿和能力进行数量分配，也可以采用统购统销模式，由合作社统一购进原材料或统一销售。总之，成员可以自行选择与合作社的交易形式。在合作社管理方面，每位成员享有对合作社平等的控制权，可以参与接单、原料采购、制作、销售的全过程，保障了成员对合作社完整经营情况的知情权。如果对合作社的生产或组织方式不满，还可以自由退出。

第二，民间工艺合作社能给予手工艺人最大的自由。相较于企

业对员工的约束，民间工艺合作社成员的时间、空间和生产意愿等都是自由的。手工艺人中农村女性占多数，她们都有照顾家庭的责任，不方便出远门和长时间上班，民间工艺合作社给予她们在生产上最大的自由，她们可以在家工作，在自己有空的时间工作，也可以根据自己的意愿选择是否参与生产，参与哪些订单的生产。这一方面满足了成员的个人需求，另一方面也充分利用了他们的闲散时间实现生产力的最大化。

第三，民间工艺合作社需要的启动资金较少。相较于需要厂房、办公室等场地的企业，民间工艺合作社几乎不需要任何固定资产。成员们可以在自己家中加工产品，按时交给合作社，由合作社统一通过物流发给买方。日常办公可以由理事长或理事会成员在自己家中完成。成员（代表）大会可以选择在任意成员家中或其他场所召开。而且，实践中手工业订单大多需要买家先付定金，基本可以覆盖购买原料的资金需求。民间工艺合作社可以非常低的资金成本运营。

第四，民间工艺合作社惠及的对象较多。企业存在运营成本的局限，员工数量越多则运营成本越大，无法无限制地扩张。集体经济组织在地域上有限制，无法惠及非本集体经济组织成员。合作社恰好能够打破资金和地域上的局限。一方面，合作社无须前期运行成本，只要销售渠道畅通，合作社的规模可以不受限制地扩大。另一方面，合作社不受地域限制，成员可以是来自任何地方的农户，只要成员能够完成生产任务交付给合作社，无论他身处何处都可以是合作社的成员。利用合作社这一特性，地方可以将乡镇或县市的同类生产者都通过农民专业合作社或联合社的方式组织起来，发展地方特色产业。

三、贵州某刺绣农民专业合作社的治理实践

贵州有着丰富的手工业技艺资源，如苗族、侗族、瑶族、布依族、仡佬族的刺绣、蜡染、银饰、器皿等。据资料记载，解放初期贵州省自然形成的手工业行业有67个，包括金属制品、日用陶器、纺织刺绣、酿酒等，专业从业者11.8万人。[1]随着国家经济政策的变化，贵州的民间工艺合作社也经历了"合作小组—供销合作社—国营工厂—乡镇企业"的发展历程。2007年《农民专业合作社法》实施后，贵州省政府提出要鼓励特色农民专业合作社的发展，并于2012年下达"重点工作责任分工方案"，要求"认定一批省级农民专业合作社示范社，在工商注册的合作社达10 000家。建设村级综合服务站1 100个"。[2]2016年贵州省政府再次提出要"下大力发展农民专业合作社"，本年度"要实现六项行动计划实现村农民专业合作社全覆盖"。[3]随着贵州省各项政策的扶持，民间工艺合作社规模和数量都在稳步扩大。

黔东南苗族侗族自治州某刺绣农民专业合作社（以下简称某刺绣合作社）成立于2016年，其社长杨理事长是高级工艺美术师，凯里市苗绣非遗传承人。该合作社成立的目的在于传承民族工艺，开展绣娘合作，为当地绣娘提供刺绣技术指导，并进行订单式的生产

---

〔1〕贵州农业合作化史料编写委员会：《贵州农村合作经济史料》（第3辑），贵州人民出版社1988年版，第440页。

〔2〕参见《贵州省人民政府关于印发2012年50项重点工作责任分工方案的通知》第十三项。

〔3〕参见《贵州省人民政府办公厅关于印发2016年"四在农家·美丽乡村"基础设施建设六项行动计划工作要点的通知》。

和销售。杨理事长说:"我家里是巴拉河的,小时候跟家里人学刺绣,对这个很感兴趣,后来走遍了黔东南各个村,学了各种绣法。后来(2001年)我有了三个小孩子,就想赚点水果钱,就开始创业(做手工刺绣商品的加工和出售)。慢慢人(绣娘)越来越多,附近的人(绣娘)都说'到那个老板那里领货'。她们都知道我早上8点钟起床,7点的时候就有七八个人在我家门口等着。2013年就有了民族工艺品加工厂。东西都是我自己设计的,有绣片啊、包包啊、围巾啊。客户有各个地方的,广州啊、北京啊。他们都到我这里来看,看中了就都拿走,还要我继续做。也有他们要求做什么样的,我就先做个样品给他们,都是要几千件。之前我工厂在开发区那边,她们(绣娘)有在那里做的,也有带回家做的。2016年的时候响应政府号召,就成立了刺绣合作社,刚开始有100多个绣娘,半年就到了200多个。我们下面有8个分社,在黔东南州的各个地方,现在有成员1 000多个。"[1]

(一)某刺绣合作社的组织结构

某刺绣合作社的8个分社分别为雷山县大塘分社、榕江县定威分社、从江县加勉乡分社、黄平县谷陇镇大寨分社、台江县登鲁分社、麻江县卡乌分社、凯里镰刀湾清新村分社和凯里塘寨分社,主要分布在黔东南苗族侗族自治州月亮山、雷公山一带,前四个分社在省级极贫乡镇。杨理事长说:"月亮山、雷公山是我们黔东南最穷的地方。我到那边去做(刺绣)培训,看到她们好难。我看到一个小孩子问他妈妈要钱买个糖,他妈妈都拿不出。那个路啊都是泥巴的,我开了8小时车。我到她们家里去,问她们会不会刺绣,她们说会,我就想帮帮她们。"

---

[1] 根据杨理事长口述整理,访谈时间2019年12月13—16日。

通过中国人民银行备案的企业征信机构"企查查"查询绣娘农民合作社的股权信息可知,某刺绣合作社的注册资本为20万元,成员共有10人,其中法人代表是杨理事长,出资占比40%,两位主要成员出资各占比12.5%,其余成员出资各占比5%。杨理事长说:"(合作社成立的时候)我们有股东7个人,我出了20万元,其他人每个人1万元。后来有5个人退股了,那时候我们经济效益不好,一直在亏本。我把钱都退给他们了。现在还有股东3个人。"

合作社的组织结构主要分为三个层级:第一级是全体成员(代表)大会;第二级是理事长、副理事长、执行监事;第三级是成员管理部、技术部、经营部、社交部、财务部、后勤部。

合作社的绣娘来源主要有三类。第一类是之前加工厂时期就在杨理事长工厂接单的绣娘,一直跟随杨理事长创业,是合作社的核心成员。第二类是来自杨理事长这几年在各个村寨培训的绣娘。2013年以来,杨理事长组织、承办和参与了黔东南苗族侗族自治州"锦绣计划""雨露计划""非遗传承人班"等多项培训计划,在州政府和妇联的支持下,在月亮山、雷公山一带的贫困村寨中开展苗绣培训,教授当地妇女苗绣技艺,每年平均培训绣娘1000余人。根据不完全统计,2019年某刺绣合作社举行的培训中,每次培训的材料耗费价值约3 000元。杨理事长说:"培训是不要钱的,我自己带老师、材料开车去村里面培训。也有她们来凯里培训的。上次来了100多个人,我们(合作社)安排她们食宿,每个人每天还有30块钱误工费。"合作社垫付的这些培训费用和误工费,部分可以由国家和地方的相关项目经费承担,不足的由合作社自己负担。第三类是通过口耳相传相互介绍加入的绣娘。各个分社开始制作订单后,周边村的绣娘看到效益不错,主动要求入社。入社的方式非常简单,绣娘在分社社长处领取入社表格,填写简单的信息,提供身份证复印件，就完成了入社申请。分社社长须向总社报备新入社成员名单。

根据分社成员资料（见表5-1），各分社的成员人数有一定差异，建档立卡户占比约为46%，成员平均年龄为40岁左右。

表5-1 某刺绣合作社部分分社社员情况

分社名	成员人数（人）	少数民族人数（人）	建档立卡户人数（人）	平均年龄（岁）
清新村分社	91	89	12	37.3
卡乌分社	48	43	35	41.1
大塘分社	70	70	—	41.0
鲁登分社	74	—	28	—
谷陇镇大寨分社	18	18	—	43.0
凯里塘寨分社	25	25	—	40.3

（二）某刺绣合作社治理形式

某刺绣合作社的治理机构是理事会，理事会成员是社长、监事、副社长等。每月根据工作情况确定开会频率，一般为1—2次，会议的主要内容是安排近期工作。社员大会则大多是在合作社给各成员分发订单时顺便召开。杨理事长说："我每次送货下去（到分社）发订单，他们（分社成员）就会都过来，那时候就热闹了。"

合作社的发展方向、订单接收与派发、产品的销售等都是由理事会或理事长负责的，成员从合作社处接收订单，按要求完成生产，领订单全凭自愿，能做多少就领多少，按件计薪。有特殊情况订单完成不了或由于质量不高被买家打回的，由分社社长或者杨理事长这些有经验的绣娘修改补足。杨理事长表示："（订单）完成率都在90%以上，有不行的就我们（她带着几个熟手）来赶。我们工会会长负责检查质量。"

（三）某刺绣合作社的交易和盈余分配模式

2016 年是该合作社的起步阶段，该社 2016 年 3 月至 2017 年 7 月该合作社与成员的交易情况显示（见表 5 – 2），交易的商品类型包括围巾、绣片、衣物绣花、裙子等，月交易额约为 3.2 万元，月平均交易人数 49 人，成员月平均收入 653 元。

表 5 – 2　2016 年 3 月至 2017 年 7 月某刺绣合作社的成员与合作社的交易情况

商品类型	与成员交易额（千元）	参与人数（人）	人均收入（千元）
围巾	1	1	1
绣片	0.4	1	0.4
围巾、绣片	13	10	1.3
围巾、绣片	15	14	1
围巾、绣片	17	21	0.8
围巾、绣片	36	56	0.6
围巾、绣片、衣服绣花、裙子绣花	42	61	0.7
围巾、绣片	45	66	0.7
围巾、绣片、女式牛仔裤、男士裤子、女式上衣、裙子	51	69	0.7
围巾、绣片、男士上衣和裤子、女式牛仔裤、衣服面料	53	68	0.8
围巾、绣片、裙子、上衣	34	58	0.6
围巾、绣片、裙子	37	61	0.6
围巾、绣片、上衣刺绣、裤子绣花	42	73	0.6

续表

商品类型	与成员交易额（千元）	参与人数（人）	人均收入（千元）
围巾、绣片、裙子	41	71	0.6
围巾、绣片	36	71	0.5
围巾、绣片	44	75	0.6
围巾、绣片	29	49	0.6

合作社的成员大多是30—50岁的家庭妇女，由于要照顾家里的老人小孩，不能出去打工，刺绣能帮她们赚点日常花销。某刺绣合作社的普通绣娘月收入在600—4 000元不等，骨干绣娘和分社社长因为有培训工作，不时还出去参加一些比赛，最高收入近万元。

加入合作社之后，成员们的经济收入和家庭地位都有所提高。杨理事长说："以前我们有个绣娘，嫁过来这么多年了每天给公公婆婆做饭，家里的事情都是她做，公公婆婆还嫌做得不好。老公在外面做建筑工人，自己在家一点钱没有，花一点钱就要向老公伸手，婆婆还总是说她。加入我们合作社之后，每个月都有收入，想买什么自己有钱买，在家腰杆都直了。现在不仅不要她煮饭了，她婆婆反而来帮她煮饭，要她不要做（家务）了，快去绣东西。"

现阶段，某刺绣合作社的产品处于供不应求的状态，无论是下订单还是直接买成品的顾客都很多。但据杨理事长介绍，由于合作社现阶段要负担成员培训等费用，所以基本还未实现盈利。2018年，某刺绣合作社与杭州一家文化创意公司签订了合作协议。这家公司承诺，2018年每月向某刺绣合作社下订单不少于1 000件，2019年每月向某刺绣合作社下订单不少于8 000件，公司提供加工订单所需材料，并提供必要的教学帮助。某刺绣合作社按照样品的规格和质量加工生产，次品率需低于10%，并保证长期稳定就业人数超过

500 人。杨理事长表示，之前从不同的地方接订单，虽然数量不少，但每次要求的东西不一样，绣法也不一样。每一单绣娘都得现学，做完了又要学新的，效率太低，社员也有抱怨。跟一家公司建立稳定的合作方式后，少样多件，就能减少社员的学习成本，提高生产效率，社员们的经济收入也会更稳定。

（四）小结

某刺绣合作社是一个运营较为成功的大型民间工艺合作社，拥有 8 个分社，1 000 多名成员。这个看似庞大的组织，结构形态非常简单，合作社的日常运营由理事长和监事、核心成员开理事会讨论，基本是由理事长负责。理事长不脱离生产，除了管理合作社、给成员上课，还负责接单、分配订单、发货等小事，日常也会制作绣品出售。在股权结构上，合作社是由企业转制而来的，理事长完成了绝大部分出资，少数设立人股东进行了象征性的出资。合作社基本没有固定资产，现在使用的一间展厅、两间工房，都由州政府免费提供，场地装修费用由合作社承担。在成员管理方面，成员加入合作社采取的是技术入股，没有进行出资，具备基本刺绣技能的绣娘交申请表即可加入合作社，加入后不强制要求参与每次的订单制作，一切以自愿为主。有长期跟合作社交易的稳定成员，也有零散的普通成员，都是按件计酬，在收入方式上没有区别。想退社的成员写退社书即可退社，不受限制。在盈余分配方面，成员与合作社按商品数量以现金交易，尚无其他的盈余分配。合作社几位经验丰富的绣娘以及分社社长会对绣娘进行培训，可以获得额外的课酬收入。

总的来说，民间工艺合作社最接近传统意义上的合作社，其人合属性远大于资合属性，展现出劳动者联合的传统形态。合作社为社员提供订单、培训等服务，切实地改变了社员的经济状况。但是，合作社的内部治理仍是以理事长及股东的意志为主,盈余分配方面也未完全向社员公开,民主管理程序存在一定的瑕疵。

第二节 乡村旅游合作社的治理实践

乡村旅游合作社是伴随着乡村旅游出现的新型合作社。国家支持乡村旅游发展源自 2006 年的《中华人民共和国国民经济和社会发展第十一个五年规划纲要》,其中提出要"发展休闲观光农业""挖掘农业增收潜力"。早期乡村旅游主要以小农经营的农家乐、采摘体验农庄等形式出现,由农民自主经营。后来资本看中了乡村旅游的发展潜力,开始进行整村开发,如特色村寨、特色小镇等,尤其是具有民族风情的少数民族村寨,其少数民族生态是非常优质的旅游吸引物,颇受资本青睐。乡村旅游资源既有静态的景观,也有村民动态的生活;既有属于国家和集体的公共资源,也有属于村民的个人财产。在乡村旅游开发的过程中如何公平合理地分配利益,保障村民在旅游开发中的权益,成为乡村旅游业可持续发展的重要因素。

现阶段乡村旅游业发展主要有以下几种模式。一是政府主导型,即由地方政府全额投入开发,成立旅游公司负责运营的乡村旅游发展模式。例如,贵州的西江苗寨采取的就是政府开发模式,由雷山县国有资产监督管理办公室全额出资成立贵州省西江千户苗寨文化旅游发展公司,全权负责西江苗寨的旅游开发和经营。二是外来公司主导型,即由外来公司一次性买断一定年限内该地域的旅游经营权,负责开发和运营的乡村旅游发展模式。例如,湖南湘西的凤凰古城,其开发经营权于 2001 年与凤凰县周边的 7 个景点一起打包卖给了"凤凰古城文化旅游投资股份有限公司",经营期限为 50 年。[1]三是村集体主导型,即由村集体自行开发和运营的乡村旅游发展模式。村集体主导旅游开发有两种方式:一种是集体开发,把集体成员的资金、土地等资源集中起来成立公司或合作社进行旅游开发,统一运营、统一管理;另一种是由村集体成员通过农家乐等方式自主经营的乡村旅游。村集体主导旅游开发一般采取的组织形式是成立旅游公司或成立合作社,两者在法律性质上有一定区别,但是在经营实践中的差别不大,都是由村集体牵头,以村集体财产设立,村民民主管理,共同受益的合作型经济组织。

一、我国乡村旅游合作社的发展概况

关于乡村旅游合作社的法律定位问题,有过很多讨论。2007 年版《农民专业合作社法》第 2 条规定,合作社是"同类农业生产经营服务的提供者、利用者","提供农业生产资料的购买,农产品的销售、加工、运输、贮藏以及与农业生产经营有关的技术、信息等服务",其中不包括乡村旅游这一类型,乡村旅游合作社的注册是缺乏法律依据的。考虑到这个情况,很多村寨虽然以农民专业合作社的内在模式进行乡村旅游的经营管理和利益分配,但其组织是以公司的名义来注册的。也有的地区为了支持村集体经营乡村旅游,鼓励农民发展各类经济合作组织,依据国家政策精神,允许乡村旅游合作社的注册。国家旅游局 2006 年出台的《关于促进农村旅游发展

---

[1]《凤凰旅游 55 亿造新城欲成乌镇第二 叶文智投资》,载和讯网 2012 年 9 月 7 日, http://news.hexun.com/2012-09-07/145575636.html。

的指导意见》提出要以农民合作形式经营旅游；首次出现"乡村旅游合作社"这一提法的国家规范性文件是2007年发布的《国家旅游局 农业部关于大力推进全国乡村旅游发展的通知》，其中提出要"完善乡村旅游合作社章程"。通过网络搜索发现的国内最早成立的乡村旅游合作社也成立于2006年，这与农民专业合作社合法注册的时间基本一致，也就是说从农民专业合作社注册开始，乡村旅游合作社就被认为是农民专业合作社中的一种。2017年《农民专业合作社》进行了修订，删除了原第2条中对于同类经营者的要求，并在第3条关于合作社业务的条款中补充了"（三）农村民间工艺及制品、休闲农业和乡村旅游资源的开发经营等"。这一修改赋予了乡村旅游合作社合法的身份和地位。2021年统计数据显示，我国有开展休闲农业和乡村旅游的合作社17 175个，占全国农民专业合作社总数的8.1%。[1]

二、乡村旅游合作社对乡村振兴的重要作用

农民专业合作社发展乡村旅游的优势体现在内部管理、利益共享和成员权益保障方面。

第一，合作社能够提高乡村旅游整体开发的效率。乡村旅游开发的首要条件是整合乡村旅游资源，包括土地和人力资源。在整合农村土地资源方面，乡村旅游合作社具有其他组织所没有的优越性。我国农村经济发展建立在家庭联产承包责任制之上，土地使用权分

---

[1] 农业农村部农村合作经济指导司编：《中国农村合作经济统计年报（2021年）》，中国农业出版社2022年版，第32页。

属于集体和承包户。以村集体为单位成立的乡村旅游合作社本身就掌握着农村建设用地、宅基地的使用权。同时，在协调农户承包地方面，合作社能够实现内部成员的统一调整和调配，效率远高于外部调整。在整合农村人力资源方面，合作社代表全体成员利益，能够对成员进行统一调配，优化人力资源结构，降低人力资源成本，成员参与的积极性和服务意识也会更高。在规范旅游经营方面，相较于农户单独经营旅游服务项目，乡村旅游合作社能够制定统一的标准，统一定价，统一宣传，农户之间形成利益共同体，避免恶性竞争。

第二，合作社能够实现农民收益最大化。乡村旅游利用的是本地的土地资源和人力资源，农民在其中付出了巨大的劳动，也承受了各种不便。但旅游的收益很大部分被开发者赚走，并未留在农民手中，村民对此意见很大，也时常会发生冲突。乡村旅游合作社的优势则在于减少中间成本，保障村民的收益。首先，村民以土地、山林、房屋、劳动等各种形式入股，按内部统一标准折算，不必遭受市场估值的差价损失。其次，合作社的收益减去必要的经营成本后由全体成员共享，不受外来资本的盘剥。最后，国家对于合作社的政策性支持直达农户，不会被外来资本巧取豪夺。没有外来企业剥取利润，农民专业合作社的收益都能够直接由成员分享。

第三，合作社有利于农村产业融合。乡村旅游业能够带动当地农业、手工业、服务业等多种行业的发展，实现产业融合则需要农民专业合作社的服务。企业是利润导向的经济组织，其更多考虑的是利益最大化而非整体提升。例如，旅游小商品的出现会挤兑本地民间工艺的生存空间，外来资本经营民俗和餐饮会压缩本地农民同类经营利润。乡村旅游合作社能够更好地关注到除旅游以外的本地其他产业，将乡村旅游和本地蔬菜、水果、土特制品等的生产联系起来，同时实现旅游服务的本地垄断经营，促进本地各项产业的提质升级。

第四，合作社有利于乡村文化保护。外来资本开发乡村旅游造成的最大问题在于对本地文化的破坏。企业的逐利属性使其在旅游开发中采用利润最大化的标准模式，这势必造成各地旅游的同质化。现在国内的古镇无论是江南水乡、西南边疆重镇，还是中部历史名城，内部都是十分类似的购物商店、酒吧、小吃和民宿，全国各地的经营者在这些地方进行同质化的经营项目，当地特色文化氛围被破坏殆尽。乡村旅游合作社是本地村民组成的合作社，对于本地的文化有更深的认识和更浓厚的情感，他们本身就是文化的守护者和践行者，对于文化的展示有自己独特的方式，对于文化的利用也有自己的准则，这对于本地特色文化的保护、传承和适度开发更有利。

三、黔东南苗族侗族自治州某乡村旅游合作社治理实践

乡村旅游合作社是新兴的农民专业合作社，其在国家法律层面拥有合法地位始于2017年现行《农民专业合作社法》实施。黔东南苗族侗族自治州某乡村旅游合作（以下简称某乡村旅游合作社）穿上"合作社外衣"的时间并不长，但该村寨旅游开发组织的内部管理模式、惠益分享模式都符合合作社的本质属性，学界普遍把该村寨旅游开发模式称为"社区主导的旅游开发模式"。该村寨的旅游开发始于20世纪80年代中期，可以说是最早进行农村社区全民参与式旅游开发的地区，其内部管理模式是集体主义的"工分制"。2015年该村寨注册成立了旅游专业合作社，成为一个内部管理模式和外部形式统一的乡村旅游合作社。

（一）某乡村旅游合作社的组织结构

黔东南苗族侗族自治州有丰富的民族文化和红色资源，20世纪80年代很多学者到这里考察。该村寨的老支书受到启发，带领村民们做起了旅游业。70年代农村普遍采取劳动工分制的集体生产模式，旅游是村里的集体产业，自然而然就选择了工分制的模式。

该村寨的旅游管理组织从1986年至今大致经历了三个阶段。第一阶段是旅游接待小组，其核心成员最初是村主任、村支书、会计等，后来随着旅游项目的丰富，接待小组里出现了村组长、芦笙队长等人。该小组负责该村寨的旅游管理，具体包括制订接待方案、安排接待人员、分配旅游收入等。第二阶段是2013—2015年成立生态旅游公司和旅游专业合作社，公司的发起人、股东以及合作社登记的成员都是当时旅游接待小组的成员。合作社登记成员14人，时任村党支部书记担任合作社理事长。从公司和合作社的股东和成员可以看出，公司和合作社都是旅游接待小组的外壳。以上两个阶段，该村寨的旅游一直是由村集体管理，自营自收。第三阶段是从2016年开始，该村寨旅游发展出现了重大转折，该村寨所在地的县人民政府全资控股的文旅发展公司全盘接手了该村寨的旅游开发与经营，在该村寨外收门票，每月给该村寨固定的费用，要求村民按规定进行表演，该村寨内部分工仍由旅游接待小组安排。现在的旅游接待小组共有总经理、副总经理、会计和秘书4人，进行工分统计的是4个村组长和4个会计，组长是轮流制，每户选一个人担任，一年一轮，会计也是轮流的。芦笙队、表演队还有队长，负责节目的编排和人员的组织。参与表演的村民每次能获得一个工分牌，月底依据公分牌计算收入。

（二）某乡村旅游合作社的交易和盈余分配模式

该村寨由村集体提供的旅游项目是拦门酒和歌舞表演，从兴办旅游业起,这两项展示活动延续至今,并被周围的旅游村寨所效仿。从公路到寨门有一段蜿蜒的楼梯,村民沿着楼梯设置12道拦门酒,妇女穿盛装、戴银角、举瓢杯,邀请客人在入寨之前喝酒,周围还有苗族男性着民族服装吹芦笙伴奏。拦门酒结束后,村民集中到村里芦笙坪进行歌舞表演。村民的工分就来自这两个项目。村主任介绍说:"工分分配没得具体的文件,大家心里都晓得。穿不同的衣服、不同的表演,工分是不一样的,比如穿长衣的工分就多,穿便装的就少,都是不一样的。"

某乡村旅游合作社工分的记录基本遵循了"按劳分配、多劳多得"的原则,主要积分项是"服饰+工种"。服饰有盛装、长衣、便衣等区分,女性盛装有沉重的银饰,分值比男性盛装略高。工种则包括全场跳舞、只跳最后一支团结舞、吹芦笙、迎客、陪场、桌长、管理等。由芦笙队统一管理的吹芦笙和跳舞的演员,以及负责监场、计分的组长,村干部、接待小组成员等管理岗位都属于"固定工种",对技能有一定的要求。其他的工种则由村民自愿选择参与。男性着传统服装吹芦笙和女性着盛装(全套的银饰、银冠、银角)参与拦门酒与全场跳舞的演员工分最高,计20—22分,管理人员计18分,老人4—8分,小孩1—5分。[1]每场的表演总收入,去除村集体提留,算出单个工分的价值,然后再根据本场每户的工分总数进行分配。工分制意味着村民的每一份劳动都尽可能地被量化并换算成收入。

根据当地一位绣娘反映:"最早的时候表演二三十元一场,后来

---

[1] 资料来自笔者对村寨村主任陈某某的访谈,以及2008年贵州师范大学李丽的硕士学位论文《郎德工分制中的道义、理性与惯习——农民行为选择的田野调查》,2017年贵州大学周颖的硕士学位论文《社区参与视角下民族村寨民宿发展研究——以贵州郎德上寨为例》等论文经笔者核对后的内容。

涨到 500 元，现在每场大概 1 200 元的样子。人多的时候一天要演七八场。每次大喇叭喊，有空的就穿起衣服去，去就有钱得。赚点水果钱。"所有的表演收入由村集体提留 25% 用于公共管理方面的支出，其中 5% 用于表演道具和服装的维护和更新，5% 用于支付公共区域打扫卫生者的酬劳，15% 作为寨中的积累资金；剩下的 75% 按照每场的工分平均分配。除去集体接待的部分，客人到村的住宿、餐饮和购物等收入都由村民各自经营。在芦笙坪旁边开店的一位妇女说："现在是淡季没什么人，旺季的时候村里边的人就会提篮子在这周围卖东西。我们家从早上忙到晚上没得停，住宿的也蛮多。"

资料显示，自 1986 年发展旅游业起，该村寨的旅游年收入从最初的 5 000 余元发展到百万余元，其中出现了一个高峰，在 2006—2008 年。2005 年该村寨旅游集体收入 47 万元，其中 27.9 万元分配给了参与的农户，每户平均收益 2 000 余元[1]。2008 年由于该村寨被选为奥运火炬的传递点，当年的旅游总收入达 357.2 万元，[2]其中表演收入 112 万元[3]，每户平均收益近 7 000 元。2008 年贵州省第三届旅游产业发展大会在西江苗寨召开，西江苗寨一炮而红，成为炙手可热的旅游景区。不巧的是，当时凯里到该村寨的二级公路施工，多重因素导致了该村寨游客数量断崖式下降。2016 年村委会与县政府以生态旅游公司和文旅发展公司的名义签订协议，文旅发展公司每月给付生态旅游公司 13 万元，其中 3 万元用于该村寨旅游管

---

[1] 参见李天翼：《民族旅游社区参与的"工分制"研究——以贵州省雷山县上郎德苗族社区为个案》，云南大学 2007 年硕士学位论文。

[2] 参见杨军昌主编：《清水江学研究》（下），中央民族大学出版社 2016 年版，第 145 页。

[3] 参见《贵州雷山县郎德上寨调查简报》，载孙华、王红光主编：《贵州苗族村寨调查简报-3》，巴蜀书社 2016 年版，第 245 页。

理和基础设施维护[1]，10万元作为该村寨旅游表演费用。生态旅游公司根据村寨旅游经营的惯例，提留10万元中的25%作为村集体收入，其余的75%根据当月的工分登记分配到户。与文旅发展公司签订协议后，该村寨的旅游模式也被规范化，每天定时进行两场表演，表演的质量、村寨环境卫生等也由文旅发展公司进行考核。现在该村寨门前小路与主路的交汇处建了旅游接待中心收取门票，60元/人。外来车辆一律停在接待中心，通过检票处到该村寨寨门大约还有2公里，由文旅发展公司安排的摆渡车接送，每人5元/趟。

（三）小结

该村寨的旅游经营方式完全体现了合作社"惠益共享、风险共担"的精神。"工分制"以成员为合作社劳动的数量和质量为基础，以工分为计量单位，采取严格的多劳多得分配模式，公平分配了合作社的经营收入。同时，合作社的内部治理也采取了全体成员共同管理模式，管理者按户轮换，每户都有机会成为监督者，这使得盈余分配的监督权为全体村民所有，保障了盈余分配的公正性。

该村寨的旅游开发一直由村集体全权主导，其间也有资本希望介入，都被拒绝了。坚持自主开发、保持村寨的原生态文化是该村寨一直坚持的宗旨，这种模式使得村民一直掌握着旅游开发的主动权，保证旅游开发行为始终符合全体村民的利益。

随着贵州旅游业的兴旺，该村寨附近出现了很多新兴民族旅游村寨。这些新的旅游村寨背后大多有政府或资本的支持，无论其游客数量还是经营收入都呈现爆炸式增长，对该村寨的旅游业造成了不小的威胁。学界很多文章将该村寨与周边旅游村寨对比，认为该

---

[1] 参见江婉、田艳：《少数民族权利保障视阈下的旅游村多元治理——以贵州郎德上寨为例》，载《贵州民族研究》2018年第7期。

村寨坚持社区主导的发展模式缺乏效率。游客们到该村寨之后也觉得这里过于古朴，可玩性较差。该村寨的旅游收入分配模式以及工分制的计算方式从制定开始发展到现在都没有太多的变化，村里也未兴建新的旅游景点或者开发新的观光项目。集体合作制度给他们带来公平收入的同时也牺牲了创新发展的可能性，这是该村寨现在面临的风险和挑战。

第三节　土地股份合作社的治理实践

土地股份合作社，顾名思义，是以"土地"作为出资组合而成的合作社，它是土地规模化经营，农业产业化的重要途径，能够有效提高农业生产效率，解放剩余劳动力。改革开放后不久，各地就开始了土地承包经营权入股的经营模式，最初主要由集体经济组织统一经营，后来慢慢开始有农户成立土地股份合作社。党的十八届三中全会提出，允许农民以土地承包经营权入股合作社发展农业产业经营。最早提出发展农村土地股份合作社的是2004年颁布的《中共无锡市委、无锡市人民政府关于实施百村奔小康工程的若干意见》和《中共江苏省委、江苏省人民政府关于促进农民增加收入若干政策的意见》等。

一、土地股份合作社的性质和特征

现阶段，我国对于土地股份合作社的法律定位不明确，从农民专业合作社的角度来看,土地股份合作社的名称和盈余分配方式大多不符合《农民专业合作社法》的规定。如果将其定义为其他类型的合作社,在法律以及行政管理方面又缺乏合法的身份。2015年中共中央办公厅和国务院办公厅联合印发的《深化农村改革综合性实施方案》中提到,"加强农民专业合作社和土地股份合作社规范化建设",其中将农民专业合作社和土地股份合作社分开表述,意味着土地股份合作社不属于农民专业合作社。2015年财政部印发的《扶持村级集体经济发展试点的指导意见》提到,"支持村集体领办土地股份合作社",意味着土地股份合作社应当归属于集体经济组织。但2022年公开征求意见的《中华人民共和国农村集体经济组织法(草案)》中并未明确土地股份合作社应属于集体经济组织。《上海市农村集体资产监督管理条例》规定,"农村集体经济组织已经登记为有限责任公司或者社区股份合作社的,符合条件可以转制为经济合作社",说明上海市认为从名称来说,股份合作社不属于农村集体经济组织。

有学者将土地股份合作社分为两类:一是不自我经营的土地股份合作社;二是自我经营的土地股份合作社,自我经营的土地合作社又有农地入股农民专业合作社和土地股份农民专业合作社。不自我经营的土地股份合作社以集体经济组织为基本载体;自我经营的土地股份合作社的两种形式区别在于农地入股和合作社组建行为是否同时发生。[1]从以上分类也可以看出土地股份合作社的多重属性。不自我经营的土地股份合作社的特征类似于农村社区股份合作社,成员身份依据户口所在地认定,股份占比依据土地的面积确定,收益按股份分红。自我经营的土地股份合作社在实践中又存在土地联合方式的区别:第一种是合作社通过土地流转将土地集中,雇用当

---

[1] 徐旭初:《谈谈土地股份合作社》,载《中国农民合作社》2019年第5期。

地农民种植，按土地占股进行分红；第二种是农户带着各自的土地联营组成合作社，土地权属不发生流转，但统一规划，统一经营；第三种是合作社租赁周围农户的土地进行统一经营，盈余依据成员的出资进行分红。自我经营类合作社中，不集中流转土地的合作社最接近于我国法律规定的农民专业合作社的形式。

关于土地股份合作社的土地集中方式，最常见的是土地流转，在确保农民土地承包经营权的基础上，由农民自愿将土地集中让与合作社经营，根据土地承包经营权取得相应股份。大部分观点认为这种土地让与应当通过流转的形式以明晰合作社的产权，也减少经营过程中合作社与原土地承包权人的矛盾。2019年开始实施的《农村土地承包法》规定，农村土地实行"三权分置"，农户可以保留土地承包权，将经营权流转给合作社，由合作社统一经营。

关于土地股份合作社的分红方式，常见的有两种。一是在土地集中让与合作社时由合作社支付的土地承包款或是租金。这一款项可以一次性付清，也可以分期支付并约定一定的涨幅。在这种情况下，土地股份合作社成员的利益与土地股份合作社的经营情况基本没有关系。其优势是保障了成员稳定的利益，以及合作社的独立经营权；劣势则是成员实质上无法分享合作社的红利，而合作社在成立初期要支付所有成员的土地使用金，在资金上有一定的压力。二是在土地集中时合作社不支付土地的使用金，但与农户约定根据合作社当年利润进行分红，有的合作社还会约定每年的保底分红。在这种情况下，合作社与成员是惠益共享、风险共担的共同体。其优势是能够调动成员的主观能动性参与土地股份合作社的经营和管理，培养农户的主体意识，同时也使得农民可以获得更多的经济收入；劣势是拥有这么多利益主体的合作社在决策中会面临一些困难，合作社内部也容易出现不稳定因素。

二、"公司+土地股份合作社"的治理实践

某种养专业合作社是一个以自然村为单位成立的土地股份合作社。该村共30户,129人,背靠莽山,山多地少,水田约70亩,旱地约40亩,剩下的3 200余亩为林地,以生态林为主,种植杉树;部分自留山为村民所有,种植经济林。某种养专业合作社的赵理事长是该村的村组长,他说:"我们村以前非常穷,被周围的村子看不起,我们就一直想着要团结,要找点出路。我打工回来之后就想搞点产业,跟村里几个亲戚合伙养猪,凑了几千块钱买了野猪崽回来,想搞点特色。结果养了三年了一直不下崽,找了好多人来看都没搞清原因。后面听说钓鱼坑(村)有个'教授'在养猪,我们就到他那里去看,想学点技术。看他那里搞得蛮好,我们就把何老师请到我们村里来指导,何老师说我们的猪是一窝猪来的,有血缘关系,不会交配,我们就听何老师的把猪卖掉了。看到何老师那里猪养得那么好,我们就想他来我们村养猪。他来看了几次就同意了,但是要求我们村要成立合作社,而且要所有人都加入,我们就按何老师的要求去村里做工作。"

(一)"公司+土地股份合作社"的组织结构

该村的生态养殖项目是与外来公司进行合作,采取"公司+土地股份合作社=项目公司"的经营模式。由该村的全体村民以林地的林下经营权入股,成立种养专业合作社,并以户为单位进行等额的出资,作为合作社的启动资金。合作社与莽山土里巴吉农庄有限公司("莽山黑豚"的品牌方,以下简称总公司)共同成立宜章县土里巴吉跳石子生态农业有限公司(以下简称项目公司)。总公司以

品牌、技术、种猪、销售渠道等入股，合作社以林地的林下经营权入股，再加上双方1∶1的出资，在项目公司中各占50%股份。项目公司的董事长和财务主管由合作社成员担任，总经理和技术指导由总公司派人担任（见表5-3）。项目公司在该村建立品鉴馆，使用的土地由项目公司出资租赁，品鉴馆的建设和经营也由项目公司进行，总公司主要负责养殖技术指导和经营战略规划。

表5-3 项目公司人员组成一览表

序号	职位	姓名	人员身份	性别	年龄
1	总经理	周×辉	外村村民	男	42岁
2	经理	周×刚	外村村民	男	45岁
3	合作社理事长、项目公司法人	赵×甲	本村村民	男	44岁
4	合作社监事	赵×乙	本村村民	男	42岁
5	项目公司和合作社会计	赵×贵	本村村民	男	36岁
6	合作社出纳	邓×贵	本村村民	男	57岁
7	莽山品鉴馆馆长	赵甲	本村村民	男	24岁
8	出品师	赵乙	本村村民	男	19岁
9	品鉴师	赵×妹	本村村民	女	30岁
10	养殖技术员	周×威	外村村民	男	19岁
11	养殖技术员	邓×财	外村村民	男	55岁

该村2015年成立合作社时，成员共26人，全村除4户未加入外，其余每户派一名代表登记为成员，成员共同商议每户出资5 000元，分2期支付，首次支付3 000元。其中有3户暂时无法出资，由赵理事长先行垫付。同年，项目公司成立。

（二）"公司+土地股份合作社"的盈余分配模式

合作社首批养殖150头"莽山黑豚"，通过电商和品鉴馆进行销售。由于"莽山黑豚"的品牌效应,猪肉产品市场价平均为100元/斤,2016年合作社实现盈利。依据一户一股进行分红,每户收入5 000元,外加10斤猪肉。其他未入社村民见此情况,也积极要求加入。大部分成员一开始不同意,说"开始就不同意,现在看到好处晓得来了"。后来经过合作社全体成员决议,同意后入社农户每户出资额提高至7 000元。2017年年终,合作社决定,当年的盈余每户分红5 000元,剩下部分投入项目公司,用于扩大再生产,将莽山黑豚的存栏数从150头提升至300头,品鉴馆规模扩大,并新增了4个包间。

项目公司经营的品鉴馆,利润按股份由总公司和合作社平分。品鉴馆的所有工作人员都是本村村民,按工作内容获得劳动报酬,品鉴馆生意火爆时还会请其他村民过来帮忙,按帮工时间计酬。2019年项目公司新开发了民宿项目,在该村筹建6座木屋,资金由县项目资金支持110万元,项目公司承担剩余的90万元,盈利按股由总公司和合作社平分。

(三) 小结

某种养专业合作社是比较特殊的土地股份合作社。首先,合作社的土地是通过协议而非土地流转的方式集中的,而且合作社享有的是成员林地的部分经营权(林下经营权),不影响成员对土地的其他收益方式,林地原有的公益林补偿款仍然归承包户,林地里的其他收益如竹笋、草药等归原承包户所有。这种土地股份合作社的成立方式出现在农地"三权分置"的法律规定出台前,是非常具有前瞻性的尝试。其次,合作社并未按照常见的土地股份合作社的股权分配形式,根据林地的面积分配股权,而是采取了"一户一股"的平均分配方式。这主要是考虑到平等分配股权能够更好地调动村民积极性,践行"一切权利归社员"和"共同富裕"的合作社宗旨。

另外，也是因为养殖与种植有区别，计算单位面积的平均产值并不公平，统一股权更有利于合作社的管理和盈余分配。最后，以村组为单位的合作社成立后，合作社的经济利益将全村村民连接在一起，形成利益相关、目标一致的村治共同体，大家对项目的发展都抱持着同样积极的态度，对于村内部事务的管理，合作社内部事务的决策都有着非常积极和审慎的态度，成员对于合作社的参与意识和对于村组治理的主人翁意识都得到了有效的提升，实现了合作社经济价值和社会价值的统一。

"公司＋土地股份合作社＝项目公司"的经营模式比一般的"公司＋合作社"模式更具有稳定性。普通的"公司＋合作社"模式，双方主体之间靠契约关系连接，不可避免地有违约的风险。而某种养专业合作社与总公司联合成立项目公司，所有合作行为都置于项目公司的框架之下，这就避免了公司领办型合作社中公司吞噬成员利益的危机，同时又能实现公司与合作社的优势互补。

第四节　飞地经济合作社的治理实践

飞地经济合作社是一种新型合作社，是精准扶贫政策落实过程中，地方政府和扶贫单位为了应对部分地区缺少耕地，无法建立农业产业，农民无法获得稳定收入而创造的新型合作社经营方式。飞地经济合作社的诞生时间不长，其运营方式还处于探索阶段，长期经济效益无法预估，但这种经营模式的创新为资源匮乏型农村提供了一种产业建设途径。

第五章　农民专业合作社的治理实践

一、飞地经济合作社的特征

飞地经济最早由经济学家周敏提出，是指"经济发展过程中，两个互相独立、经济发展存在落差的行政地区打破原有体制和机制限制，通过规划、建设和税收分配等合作机制进行跨空间的行政管理和经济开发，实现两地资源互补、互利共赢的持续或跨越发展的经济模式"。[1]飞地经济的模式常见于工业领域，用于解决县、市级资源不足导致的财政问题和就业问题，实现区域性平衡和互补。2017年国家发展改革委联合7个部委出台了《关于支持"飞地经济"发展的指导意见》，提出要"创新'飞地经济'合作机制，发挥不同地区比较优势"，"促进要素自由有序流动，为推进区域协同发展作出新贡献"。该指导意见推荐"各方共同组建市场化运营主体的，应符合《公司法》等相关法律规定"。

国家实行精准扶贫政策后，飞地经济在扶贫及乡村振兴领域的应用实践越来越多。对"三农"发展而言，飞地经济最大的优势在于帮助那些缺少耕地或其他生产资料的农民在其他资源禀赋较好的地区实现飞地产业建设，促进持续稳定增收，同时带动"飞入地"和"飞出地"的经济发展。飞地经济在资金方面的投入较大，利润不高，不符合市场经济的逻辑，其实施的目的更侧重于为农民提供稳定的收入保障，因此，飞地经济合作社的投资方一般是地方人民

---

[1] Min Zhou, *Chinatown: the Socioeconomic Potential of an Urban Enclave*, Philadelphia: Temple University Press, 1992, p.56. 转引自张明善：《我国深度贫困地区"飞地经济"模式的适应性分析》，载《西南民族大学学报（人文社会科学版）》2019年第1期。

政府，经营主体是以行政村或自然村为单位成立的农民专业合作社或集体经济组织。作为经济成本较低、内部分配更具普惠性的经济组织，飞地经济合作社在法律的框架下能够更民主地利用扶贫资金帮助更多的贫困户参与产业发展，实现增收。

二、飞地经济合作社的治理实践

某飞地经济合作社所在村地处黄龙山深处，全村共165户，617人，林地总面积为19 834.5亩，人均林地面积32亩，耕地总面积为139.68亩，人均耕地面积为0.23亩，是典型的山多地少的山区农村。过去，当地村民的主要经济来源是伐木"放排"。国家实行生态公益林制度以来，当地农民失去了最主要的收入来源，每年只有人均不到1 000元的公益林补偿金。对于农民而言，土地是他们的最低生活保障，山区农村缺少耕地的情况下，村民的生计、乡村的发展实为无米之炊。

（一）飞地经济合作社的组织结构

自精准扶贫政策实施起，扶贫单位考虑到该村耕地匮乏的状态，为其制定了长期和短期两个阶段的产业发展战略。长期战略是利用该村的少数民族特色开展乡村旅游业，但旅游业的发展周期长、回报慢，短时间内很难有效提升农民收入，于是扶贫单位决定在该村同时发展回报周期短的特色优势产业。该村耕地十分有限，而且都已确权到户，能够用于发展规模种植和集体产业的土地几乎没有。于是，扶贫队采用了"飞地经济"的发展模式，指导该村在2016年成立了种植专业合作社。

该种植专业合作社以村委会的名义成立，理事长是时任村第一书记,登记成员是村干部共5人,实际成员是村里100户共323个贫困人口,以每人1 600元的扶贫款入股,在距离该村100公里外的一个村庄承包200亩土地种植小黄姜。合作社的运营由该村村委会主导,成员可以到合作社的"飞地"劳动,每天有80元的收入。在小黄姜种植基地工作的村民莫女士说:"种小黄姜是扶贫队考察了市场之后定下的。一开始我们村里面也有种小黄姜的,但是年景不好种了没卖出去,都倒掉了。后来扶贫队还是觉得小黄姜、小米椒这种(产品)市场需求量比较大,又比较经得放,当年要是不好卖可以存起来明年卖。"

(二)飞地经济合作社的盈余分配模式

该飞地经济合作社的整体经营模式与集体经济组织比较接近,由村集体负责经营,成员作为雇工另算收入。飞地种植的小黄姜第一年收获60万斤,由扶贫队联系长沙的餐馆销售。由于当年的小黄姜售价不高,村委会组织在村里挖了23口窖把姜先存起来,到第二年年初价格高了再出售。第一年成员分红人均1 000多元。第二年,合作社又扩大再生产,在本村的一个村组租了几十亩地种小米椒。由于扶贫队负责联系销售渠道,周边的村庄也有农户加入了统销的队伍。

(三)小结

飞地经济合作社是资源禀赋较差的村庄,通过在其他地区租赁"飞地"来开展农业生产合作的一种形式,是比较典型的资合型合作社,成员之间主要是通过资金入股形成合作,共同开展生产活动。上文提到的飞地经济合作社由村集体主导,扶贫队指导村委会运营,成员依据入股资金享受分红,愿意到"飞地"工作的另行计酬。年终盈余提留来年种植所需的必要部分,其余的平均分配给成员。考虑到这是扶贫项目,与小黄姜种植有关的基础设施建设、运输销售成本等都是由扶贫单位承担的,这也是合作社短期内能够顺利运营并且有分红的重要原因。

第五节　领办型合作社的治理实践

领办型合作社是现在农村最为常见的合作社,根据领办人的身份不同可以分为企业领办型、村干部领办型、能人领办型、农技服务组织领办型和其他主体领办型。2021年的统计数据显示,村干部领办合作社24万余个,占比12%；企业领办合作社3.3万余个,占比1.2%；普通农民领办合作社约141.3万个,占比70%；其他类型领办合作社占比16.8%。从发展态势来看,企业领办型合作社同比下降8.3%,下降速度较快。[1]

需要说明的是,作为合作社的一种类型,领办型合作社的必要条件是对外统一为合作社法人,以合作社的身份经营,无论领办主体是谁,都必须在合作社的框架内而非框架外。现在常见的"公司+合作社"或"其他主体+合作社"的合作形式不属于本书讨论的领办型合作社的范畴。

一、领办型合作社的特征

领办型合作社可能出现在各种行业中,如种植业、养殖业、畜

---

[1] 农业农村部农村合作经济指导司编：《中国农村合作经济统计年报（2021年）》,中国农业出版社2022年版,第31页。

牧业等,因此,其组织形式、经营方式、内部管理模式、惠益分享模式等都具有多样性,讨论其特征的目的不在于从众多合作社中对领办型合作社进行界分,更多地是想探讨领办型合作社的突出特点,优势或劣势体现在哪些方面。领办型合作社具有以下几个特征。

第一,少数人控制合作社。所有领办型合作社无法避免的现象就是少数人控制合作社,这既是这种合作社的优点,也是它的弊端。"领办"意味着这一合作社有一个牵头的主体,无论"领"意指"领导"还是"带领",领办主体都必然具有其他成员所没有的优势。领办主体的优势体现在领办主体的资本数量、技术能力、管理能力或其他方面。例如,企业领办型合作社由一个企业带领一批农户组成,农户负责生产,企业负责提供技术指导、加工和销售等,其在资金、技术能力以及管理能力上都远远超过普通农户。大户领办型合作社中,大户在资金、技术等方面也远超过农户,只是相较于企业领办型,大户在合作社中同样参与生产和销售,其与合作社交易的方式与其他农户基本相同。领办型合作社在资金、技术等方面的优势使其在合作社中具有实际控制权。据浙江大学中国农村发展研究院对全国 442 家合作社的调查,领办主体的出资占比平均为 29.4%,大约有 25% 的合作社领办主体的出资占比超过了 30%,最高的达到 100%。[1]虽然农民专业合作社是人合兼资合性经济组织,合作社分红也并不完全以股权为依据,但是在实践中,大股东和几个较大股东基本是理事会和监事会的成员,负责合作社日常经营管理工作,是合作社的实际控制者。有的合作社领办主体出资占比不大,但因其具有生产技术、销售渠道或其他方面的突出能力,基于

---

[1] 赵凯:《农民专业合作社融资机理研究》,西北农林科技大学出版社 2014年版,第 66 页。

信息不对称而对其他成员产生了领导力，从而掌握合作社的实际控制权。

第二，成员具有一定的异质性。成员的异质性从宏观角度来说就是成员之间的差异，包括性别、年龄、经营类型、资产实力等，这种普遍的异质性在任何农民专业合作社中都存在。但与其他类型的合作社相比，领办型合作社成员异质性主要体现在影响成员之间合作的资源禀赋方面，包括经济禀赋、技术禀赋、产业禀赋等的差异。经济禀赋是指成员的资产数量，领办主体的经济禀赋普遍好于一般成员，他们在合作社中出资更多，与合作社的交易更多，获得的收益也更多。技术禀赋是指成员文化程度、技术水平、对外界信息掌握程度等全方位的认知水平。领办主体往往掌握独特的生产技术或更广泛的市场信息，认知能力和技术水平明显高出一般成员。很多地方政策文件支持和奖励具有中专或大专以上文凭者领办合作社，看中的也是这些领办主体的技术禀赋。领办型合作社有利于纵向产业链的形成。例如，企业领办型合作社中，企业一般不负责生产，而是给合作社中的农户提供原料、技术和收购服务。农户在企业的指导下按规定种植或养殖符合企业要求的产品，由企业按约定的品质和价格统一收购，加工和销售。在纵向产业链上，企业与农户所处的位置具有明显的异质性，与合作社的交易方式也有明显区别。

第三，合作社内部风险不均衡。理论上来说，农民专业合作社是风险共担的经济组织，合作社遭遇商业危机或资金上的损失，应当依法由全体成员分摊。但在实践中，由于领办主体的出资比例、在产业链中所处的位置以及利用合作社的意图都与普通成员有一定的区别，所以成员承担的风险是不均衡的。例如，企业领办型合作社中农户负责生产，企业负责加工和销售。生产部分可能产生的风险,如产品不符合企业的收购要求,或不可抗力导致的产品损失等,在实践中都是由农户承担的。在销售端的企业直接面对的是市场,产品售价随市场的变化而波动,部分企业在成立合作社时为稳定社员,会与社员签订固定收购价合同,这一协议使得企业必须独自面对市场的波动。如果当年市场价低于其承诺给农户的固定收购价,损失就需由企业来承担。在利用合作社的预期方面,企业成立或加入合作社的目的是利用农户的生产能力获得原材料,农户的目的是销售原材料,但是受价格的影响,两者不一定能达成交易的合意,如果出现农户不卖或企业不收的情况,两者的损失都需要自行承担。

二、能人领办型合作社的治理实践

某茶叶专业合作社于 2013 年成立,注册资本为 100 万元,有 24 名股东,理事长胡先生出资 30 万元,另一名大股东出资 15 万元,其余股东出资 1 万元,股东的身份大多是茶叶种植地的村干部。胡理事长介绍说:"我不是本地人,之前当过兵,也搞过其他的,后来开始研究茶叶。合作社的制茶工艺都是我自己开发的,这个青茶在省名优茶评比中拿过一等奖。之所以选这个地方,是因为我们的茶走的是外销路线,拿到了欧盟有机茶认证。它要求茶叶的种植地必须是 10 年以上从来没有从事农业种植的荒山。而且,这里本身是产茶地,周围老百姓都种茶叶,有很多采茶熟手和老制茶人。"该合作社 2017 年进行过变更登记,对股东进行了较大范围的调整,现有股东 11 人,共同组成理事会。合作社的治理由理事会负责,每月召开两次理事会议,通报本月支出,安排下个月的工作。

茶叶种植前期投入较大,每亩投入 1.3 万元—1.5 万元/年,

5年茶树才能成林采摘，10年才能回本。因此，合作社与4个村委会签订了30年的土地承包合同，承包金每5年支付一次，以10年为期向上浮动，第一个10年的承包金为10元/亩，第二个10年的承包金为12元/亩，第三个10年的承包金为15元/亩。与散户签订的土地承包合同期限也是30年，承包金由合作社一次性付清。茶叶的种植、加工和销售由合作社统一进行，承包合同中明确了"在同等条件下优先安排本地村民就业"。该合作社解决周边农户就业1 684人，包括贫困户60户、库区移民153户。长期雇佣100余人照顾茶树，采茶季另招周边的工人，劳务费100元/天。

合作社的盈余分配实则是采用土地承包款和工资的形式。合作社中的4个村干部仅对合作社进行象征性的出资，主要贡献是集中本地村民的土地入股合作社，协调合作社和原土地承包权人的关系；其他散户成员以土地承包经营权入股，合作社与其签订流转合同，付清土地流转金，今后合作社的利润与这些成员没有直接关联，只是成员在合作社劳动的，由合作社支付工资。

该合作社的组织结构和经营方式是比较常见的能人领办型种植合作社，整个合作社的经营和发展由能人和少数大额出资股东决定，其余成员通过土地入股的方式与合作社发生交易，以土地承包款为回报，基本不参与合作社的运营和分红，也不承担合作社的经营风险。

三、村干部领办型合作社的治理实践

某药材种植合作社成立于2019年，理事长是合作社所在地的村主任，但该合作社不是村集体产业，而是村主任个人的产业。唐理

事长介绍说:"我是村主任,觉得应该发挥带头作用,我不搞产业怎么要求其他人搞产业?所以,2018年就流转了我们村500亩土地种水稻,后来效益不好,我就想到改种中药材。"该合作社共有股东8人,理事长以500亩地和50万元入股,出资占比75%,其余7位股东每人投资15万元,共同出资占比25%。

合作社的治理由理事会负责,其成员是所有股东,每月召开一次理事会议,总结本月的收支情况,以及下个月的主要工作。现阶段合作社种植了白芷、天冬、广东紫珠、板蓝根等,分为一年熟、三年熟和四年熟的药材,一年熟的药材保障资金回流,支持三年熟和四年熟的产品,这是理事会成员共同去外地考察,根据销售渠道定下的经营策略。合作社有长期雇工3人,种植和采摘时还有短期雇工,都是本村的贫困户。

药材种植合作社的股权结构清晰,各户土地统一耕种,收益按股分红。由于成员较少,所以合作社日常经营和管理也都能够采取民主模式,每位成员都能发表意见,共同协商。虽然由村干部领办,但不是村集体产业,而是村干部个人的产业,这样的合作社经营者会更有动力,发展也更为自由。

但以上两个领办型合作社都有一个通病,即盈余分配方式与《农民专业合作社法》要求不符。大多数领办型合作社由领办主体出资设立,根据民间惯例按股分红,如果成员与合作社的交易额另外计算,很少能够严格按照法律规定按交易量(额)分红。而且从实际操作来说,很多合作社成员与合作社没有交易,也就没有交易额。

参考文献

一、书籍类

[1] 凯尔森. 法与国家的一般理论 [M]. 沈宗灵, 译. 北京: 商务印书馆, 2013.

[2] 滕尼斯. 共同体与社会: 纯粹社会学的基本概念 [M]. 林荣远, 译. 北京: 商务印书馆, 1999.

[3] 阿克塞尔罗德. 合作的进化 [M]. 吴坚忠, 译. 修订版. 上海: 上海人民出版社, 2007.

[4] 庞德. 通过法律的社会控制 [M]. 沈宗灵, 译. 北京: 商务印书馆, 2010.

[5] 奥尔森. 集体行动的逻辑: 公共物品与集团理论 [M]. 陈郁, 郭宇峰, 李崇新, 译. 上海: 上海人民出版社, 2018 年.

[6] 鲍尔斯, 金迪斯. 合作的物种: 人类的互惠性及其演化 [M]. 张弘, 译. 杭州: 浙江大

学出版社，2015.

［7］陈建国，陈光国，韩俊．中华人民共和国农民专业合作社法解读［M］．北京：中国法制出版社，2018.

［8］陈岷，赵新龙，李勇军．经济法视野中的合作社［M］．北京：知识产权出版社，2016.

［9］陈锡文，赵阳，罗丹．中国农村改革30年回顾与展望［M］．北京：人民出版社，2008.

［10］费孝通．乡土中国［M］．北京：人民出版社，2008.

［11］冯蕾．中国农村集体经济实现形式研究［M］．北京：新华出版社，2016.

［12］傅晨．中国农村合作经济：组织形式与制度变迁［M］．北京：中国经济出版社，2006.

［13］贵州农业合作化史料编写委员会．贵州农村合作经济史料：第3辑［M］．贵阳：贵州人民出版社，1988.

［14］何国平．中国农民专业合作社制度变迁、影响因素研究［M］．北京：中国经济出版社，2017.

［15］江平．法人制度论［M］．北京：中国政法大学出版社，1994.

［16］蒋玉珉．合作经济思想史论［M］．合肥：安徽人民出版社，2008.

［17］孔祥智，钟真等．中国农村发展40年：回顾与展望［M］．北京：经济科学出版社，2018.

［18］孔祥智，等．合作社的再合作［M］．北京：中国农业出版社，2018.

［19］李继志．新型农民专业合作社：参与主体行为、组织制度与组织绩效［M］．长沙：湖南大学出版社，2017.

［20］刘观来．合作社治理结构法律制度研究［M］．北京：中

国政法大学出版社，2018.

[21] 马俊驹. 现代企业法律制度研究［M］. 北京：法律出版社，2000.

[22] 米新丽，等. 我国农业合作社法律问题研究［M］. 北京：对外经济贸易大学出版社，2013.

[23] 屈茂辉，蒋学跃，王泽功. 合作社法律制度研究［M］. 北京：中国工商出版社，2007.

[24] 任强. 合作社的政治社会学［M］. 北京：中国社会科学出版社，2014.

[25] 申龙均，潘峻岳. 农民合作社研究［M］. 北京：北京理工大学出版社，2015.

[26] 史敬棠，等. 中国农业合作化运动史料（下册）［M］. 北京：生活·读书·新知三联书店，1959.

[27] 孙树志. 合作共赢：农民专业合作社［M］. 北京：中国民主法制出版社，2016.

[28] 孙晓红. 合作社立法模式问题研究［M］. 北京：知识产权出版社，2012.

[29] 仝志辉. 农民合作新路：构建"三位一体"综合合作体系［M］. 北京：中国社会科学出版社，2016.

[30] 仝志辉. 农民合作社本质论争［M］. 北京：社会科学文献出版社，2016.

[31] 仝志辉. 农民合作社发展中的问题与法律规制［M］. 北京：社会科学文献出版社，2016.

[32] 仝志辉. 农民合作社联合社的法律规制［M］. 北京：社会科学文献出版社，2016.

[33] 王利民，郭明瑞，方流芳. 民法新论［M］. 北京：中国

政法大学出版社，1988.

[34] 王曙光，王丹莉. 维新中国：中华人民共和国经济史论[M]. 北京：商务印书馆，2019.

[35] 王玉梅. 农民专业合作社之法理探究与实践[M]. 北京：科学出版社，2012.

[36] 吴晨. 异化的农民合作社及其组织治理研究[M]. 北京：经济科学出版社，2015.

[37] 熊文钊. 民族法学[M]. 北京：北京大学出版社，2012.

[38] 张德峰. 合作社社员权论[M]. 北京：法律出版社，2016.

[39] 张曼茵. 中国近代合作化思想研究：1912—1949[M]. 上海：上海书店出版社，2010.

[40] 张益丰. "三农"问题视阈中企业领办农民专业合作社研究[M]. 北京：中国言实出版社，2016.

[41] 张永兵. 农民专业合作社财产制度研究[M]. 武汉：武汉大学出版社，2017.

[42] 赵凯. 农民专业合作社融资机理研究[M]. 杨凌：西北农林科技大学出版社，2014.

[43] 郑景元. 合作社商人法律制度研究[M] 北京：清华大学出版社，2019.

[44] 朱晓娟. 论合作社的法律主体性[M]. 北京：中国民主法制出版社，2009.

二、期刊类

[1] 白晓明. 论我国农民专业合作社法人治理结构的发展与完

善：基于外部力量主导合作社的视角［J］.宁夏社会科学，2010（2）：11-14.

［2］曹务坤，陈晓娟.民族村寨农民专业合作社章程存在的问题及其潜在风险：基于法社会学的视角［J］.贵州民族研究，2017，38（10）：35-38.

［3］曹务坤，辛纪元.民族村寨旅游合作社的法律属性［J］.思想战线，2018，44（6）：153-160.

［4］陈明.论法律实效评判的方法和标准［J］.辽宁行政学院学报，2007，9（5）：42-44.

［5］邓衡山，王文烂.合作社的本质规定与现实检视：中国到底有没有真正的农民合作社？［J］.中国农村经济，2014（7）：15-26.

［6］董红，王有强.农民专业合作社发展的现状、困难及对策探析［J］.云南民族大学学报（哲学社会科学版），2018，35（2）：105-109.

［7］付德宝，史言.罗虚戴尔原则的演变［J］.中国供销合作经济，2002（7）：34.

［8］傅晨."新一代合作社"：合作社制度创新的源泉［J］.中国农村经济，2003（6）：73-80.

［9］高海.《农民专业合作社法》的改进与完善建议［J］.农业经济问题，2018（5）：43-52.

［10］高海.农地入股合作社的组织属性与立法模式：从土地股份合作社的名实不符谈起［J］.南京农业大学学报（社会科学版），2014（1）：83-92.

［11］郭红东，钱崔红.关于合作社理论的文献综述［J］.中国农村观察，2005（1）：72-77+80.

［12］郭媛媛，童礼，李继志，等．农民专业合作社的融资问题分析：以湖南省60家农民专业合作社为例［J］．安徽农业科学，2015，43（21）：368-369+378．

［13］韩乔亚，徐中起．民族地区农民专业合作社发展初探：以黔东南州为例［J］．黑龙江民族丛刊，2014（6）：75-82．

［14］黄胜忠，林坚，徐旭初．农民专业合作社治理机制及其绩效实证分析［J］．中国农村经济，2008（3）：65-73．

［15］黄祖辉，扶玉枝，徐旭初．农民专业合作社的效率及其影响因素分析［J］．中国农村经济，2011（7）：4-13．

［16］黄祖辉，俞宁．新型农业经营主体：现状、约束与发展思路——以浙江省为例的分析［J］．中国农村经济，2010（10）：16-26．

［17］孔祥智，周振．分配理论与农民专业合作社盈余分配原则：兼谈《中华人民共和国农民专业合作社法》的修改［J］．东岳论丛，2014，35（4）：79-85．

［18］孔祥智．2020年：合作社大显身手［J］．中国农民合作社，2020（3）：38-39．

［19］孔祥智．支持合作社发展政府应多管齐下［J］．中国合作经济，2011（1）：30-32．

［20］雷召海，李忠斌，杨胜才．民族地区农民专业合作社发展情况调查：以湖北省恩施土家族苗族自治州为例［J］．中南民族大学学报（人文社会科学版），2012，32（4）：118-123．

［21］李云新，王晓璇．农民专业合作社行为扭曲现象及其解释［J］．农业经济问题，2017，38（4）：14-22+110．

［22］潘劲．中国农民专业合作社：数据背后的解读［J］．中国农村观察，2011（6）：2-11．

[23] 齐延平. 论发展权的制度保护 [J]. 学习与探索, 2008 (2): 99-106.

[24] 任大鹏, 张颖. 农民专业合作社责任制度的完善: 合作社成员承诺责任的引入 [J]. 河北法学, 2009, 27 (7): 2-5.

[25] 孙九霞, 张涵. 行动者网络视角下民族传统手工艺合作社的形成与运作 [J]. 山东社会科学, 2019 (4): 61-68.

[26] 谭启平. 论合作社的法律地位 [J]. 现代法学, 2005, 27 (4): 112-121.

[27] 仝志辉, 温铁军. 资本和部门下乡与小农户经济的组织化道路: 兼对专业合作社道路提出质疑 [J]. 开放时代, 2009 (4): 5-26.

[28] 徐旭初, 吴彬. 治理机制对农民专业合作社绩效的影响: 基于浙江省526家农民专业合作社的实证分析 [J]. 中国农村经济, 2010 (5): 43-55.

[29] 徐旭初. 农民专业合作组织立法的制度导向辨析: 以《浙江省农民专业合作社条例》为例 [J]. 中国农村经济, 2005 (6): 19-24.

[30] 徐旭初. 谈谈土地股份合作社 [J]. 中国农民合作社, 2019 (5): 41.

[31] 应瑞瑶, 何军. 中国农业合作社立法若干理论问题研究 [J]. 农业经济问题, 2002 (7): 2-7.

[32] 苑鹏. 德国最新《合作社法》的修订变化及其对我国的启示 [J]. 学习与实践, 2016 (7): 74-80.

[33] 苑鹏. 中国农村市场化进程中的农民合作组织研究 [J]. 中国社会科学, 2001 (6): 63-73.

[34] 张晨阳. 西北少数民族贫困地区农民专业合作社发展的调

查与思考［J］．中国经贸导刊，2010（8）：30．

［35］张俊娥，王东，张继梅．黑龙江民族地区农民合作社发展能力与带动效应研究［J］．黑龙江民族丛刊，2019（1）：33-38．

［36］张文松，王敏．当代维吾尔族民间刺绣工艺的活态与反思:基于对吐鲁番地区部分民族手工艺农民专业合作社的考察［J］．装饰，2016（7）：99-101．

［37］张文政．西北民族地区发展新型农民合作社：现实意义、影响因素和理性选择——基于甘肃藏区的调查［J］．甘肃社会科学，2014（2）：197-200．

［38］张晓山．促进以农产品生产专业户为主体的合作社的发展——以浙江省农民专业合作社的发展为例［J］．中国农村经济，2004（11）：4-10．

［39］张晓山．农民专业合作社的发展趋势探析［J］．管理世界，2009（5）：89-96．

［40］张照新，赵海．新型农业经营主体的困境摆脱及其体制机制创新［J］．改革，2013（2）：78-87．

［41］赵桂芳．论日本农业协同组合的作用及其发展变化［J］．日本研究，1990（4）：11-14．

［42］赵晓峰，邢成举．农民合作社与精准扶贫协同发展机制构建：理论逻辑与实践路径［J］．农业经济问题，2016（4）：23-29．